हंसनी
[नाटक]

हंसनी

एंतोन चेख़व

अनुवाद
राजेन्द्र यादव

राधाकृष्ण

ISBN : 978-81-7119-632-6

हंसनी (सी-गल)

पहला संस्करण : 1958
चौथा संस्करण : 2017

मूल्य : ₹300

प्रकाशक

राधाकृष्ण प्रकाशन प्राइवेट लिमिटेड
7/31, अंसारी मार्ग, दरियागंज, नई दिल्ली-110 002

शाखाएँ : अशोक राजपथ, साइंस कॉलेज के सामने, पटना-800 006
पहली मंजिल, दरबारी बिल्डिंग, महात्मा गांधी मार्ग, इलाहाबाद-211 001
36 ए, शेक्सपियर सरणी, कोलकाता-700 017

वेबसाइट : www.radhakrishnaprakashan.com
ई-मेल : info@radhakrishnaprakashan.com

मुद्रक

बी.के. ऑफसेट
नवीन शाहदरा, दिल्ली-110 032

HANSANI
Play by Anton Chekhov
Translated by Rajendra Yadav

यह अनुवाद

एंतोन पाव्लोविच चेख़व के नाटक का यह अनुवाद अंग्रेज़ी के निम्न अनुवादों के आधार पर किया गया है :

हंसिनी (सी-गल) 1. कॉन्स्टान्स गार्नेट

2. एलिसावेता फेन

भाव के प्रति अधिक सचेत और अर्थ के प्रति अधिक आश्वस्त होने के लिए ही मैंने एक से अधिक अनुवादों का सहारा लिया है, फिर भी कह सकने में असमर्थ हूँ कि प्रस्तुत अनुवाद कहाँ तक सफल है। इसका कारण आत्मविश्वास की कमी नहीं, बल्कि वे मूल अनुवाद ही हैं। वे अनुवाद कहीं-कहीं तो आश्चर्यजनक रूप से एक-दूसरे से अलग हैं। मास्को से अभी 'चेरी-ऑर्चर्ड' का अनुवाद आया है, इसलिए इन सबमें उसे ही सबसे अधिकारी अनुवाद माना जा सकता है। लेकिन स्थान-स्थान पर यह अपने साथी अनुवादों से इस हद तक भिन्न हो गया है कि पहले तो मुझे सचमुच विश्वास नहीं हुआ। हिन्दी वाले अर्थ का अनर्थ करने के लिए बदनाम हैं, लेकिन इधर जब दो-तीन साल से अनुवादों के चक्कर में पड़ने का दुर्भाग्य हुआ, तो पाया कि इस दिशा में अन्तर्राष्ट्रीय साथी भी काफ़ी हैं। अंग्रेज़ी के अनुवादक मूल की अपेक्षा अपनी ही भाषा के प्रति अधिक सतर्क रहे हैं, और हिन्दी वाले मूल को ही ऐसा पकड़कर बैठ जाते हैं कि उन्हें अपनी भाषा का ध्यान ही नहीं रहता।

वस्तुतः भाषा कोई भी हो, अनुवादकों की सीमाएँ सभी जगह प्रायः एक जैसी हैं, और चाहे जैसा अच्छा अनुवाद हो, उसकी भाषा-शैली मौलिक रचनाओं से अलग होती ही है—होने को बाध्य है। जहाँ भी अनुवाद 'मौलिक कृति' सा लगता है वहाँ निश्चित रूप से अनुवादक काफ़ी स्वच्छन्दता ले लेता है। उसे अनुवाद की अपेक्षा भावों का पुनर्कथन कहना अधिक अच्छा है।

ख़ैर, फिर भी प्रस्तुत अनुवाद की कमियों और कमज़ोरियों के लिए यह सब बचाव काफ़ी नहीं है, निश्चित रूप से वे मेरी ही कमियाँ हैं।

कलकत्ता
25-3-58

—राजेन्द्र यादव

चेख़व : जीवन और दर्शन

"यह चेख़व कौन है? यह कहाँ से धरती फोड़कर निकल पड़ा?"

"हमारे पैसे वापिस दो।"

"नाटक वाले ऐसे नाटक क्यों लेते हैं?"

"लगा दो आग!"

उस दिन अलेक्जेन्द्रिस्की थियेटर में इतना हल्ला-गुल्ला और गुल-गपाड़ा मचा था कि कान पड़ी बात नहीं सुनाई देती थी। लोग सीटों से उछल रहे थे, गालियों और तने हुए घूँसों से वातावरण गूँज रहा था, और जिस नाटक 'सी-गल' का जनता इस तरह स्वागत कर रही थी उसका लेखक कानों तक ओवरकोट चढ़ाए चुपचाप हॉल से बाहर भाग आया था। तीन बजे सुबह तक चेख़व पीटर्सबर्ग की सड़कों पर पागल की तरह भटकता फिर रहा था। उसने निश्चय कर लिया कि चाहे सात सौ साल और जीवित रहना पड़े—नाटक नाम की कोई चीज़ अब नहीं लिखनी। आज से नौ वर्ष पहले मॉस्को में खेले गए अपने 'आइवानोव' नाटक का जनता द्वारा किया गया ऐसा ही 'स्वागत' उसके दिमाग़ में घूम रहा था। दूसरे दिन अखबारों में उसने पढ़ा कि नाटकों के इतिहास में इससे अधिक असफल नाटक आज तक नहीं हुआ।

असल में जनता के लिए 'आइवानोव' की विषय-वस्तु और 'चेख़व' दोनों ही नए थे। अभी तक जनता तो जानती थी हास्यरस के प्रसिद्ध लेखक 'अन्तोन चेखोन्ते' को। चेख़व ने अपनी प्रारम्भिक रचनाएँ इसी नाम से लिखी थीं। और 'मास्को आर्ट थियेटर' द्वारा खेले गए उसी चेख़व के 'सी-गल', 'अंकल वान्या', 'थ्री सिस्टर्स', 'चैरी ऑर्चर्ड' ने नाटकों के इतिहास में अभूतपूर्व सफलता पाई, लेकिन पहली असफलताओं के प्रभाव ने उसे थियेटरों और अभिनेताओं के प्रति इतना कटु और असहिष्णु बना दिया कि उसने अक्सर लिखा : "तुम इन थियेटरों को शिक्षा और आत्मनिर्माण की जगह बताते हो। इनमें गुल-गपाड़े के सिवा कुछ भी नहीं होता। ये थियेटर शहर की बीमारियाँ हैं।" (प्लेश्चयेव को पत्र) तिख़ोनोव से एक बार उसने कहा था : "ऐसा लगता है कि हमारे यहाँ अभिनेताओं का असभ्य और अशिक्षित होना एक स्वयंसिद्ध नियम बन गया है...जब ज़रा नए-नए होते हैं

तो ये लोग हाथ-पाँव पटकते और ख़च्चरों की तरह हिनहिनाते हैं और जैसे ही ज़रा बड़े हुए तो दिन-रात शराब और अय्याशी में अपनी आवाज़ इत्यादि सबको ख़राब कर डालते हैं।" और उसी वातावरण में चेख़व के नाटकों ने थियेटर के इतिहास और नाटकों के साहित्य में एक नई धारा को जन्म दिया। कुछ लोगों ने तो कहा कि शेक्सपियर के बाद 'चेरी का बगीचा' जैसा नाटक लिखा ही नहीं गया, तथा 'तीन बहनें' संसार के सर्वश्रेष्ठ नाटकों में से है। कहानीकार तो वह निर्विवाद रूप से संसार का श्रेष्ठतम है ही। किन्तु उसे कभी भी अपने लिखने से सन्तोष नहीं हुआ और उसने हमेशा ही अपने लिखे हुए को बड़ी हेय दृष्टि से देखा। उसने सुवोरिन नाम के अपने एक घनिष्ठ मित्र को लिखा था : "मेरा तो विश्वास है कि जो कुछ मैं लिखना चाहता था, और जिस उत्साह से मैं लिख सकता था—उस सबके मुक़ाबले में आज तक जो भी कुछ मैंने लिखा है, सब बेकार है। मेरे दिमाग़ में ऐसे लोगों—चरित्रों की पूरी पलटन भरी है जो दिन-रात अपनी मुक्ति के लिए प्रार्थना करते रहते हैं कि मैं एक शब्द कह दूँ और वे निकल पड़ें। मुझे बहुत दुःख होता है जब देखता हूँ कि आज तक मैंने जिन विषयों पर लिखा है, वे सब कूड़ा हैं; जबकि अच्छे-से-अच्छे विषय मेरे दिमाग़ के कबाड़खाने में पड़े सड़ रहे हैं।" अपनी आन्तरिक इच्छा को उसने लज़ारेव ग्रुज़िंस्की के पत्र में इस प्रकार व्यक्त किया है, "काश, मुझे चालीस साल का समय और मिल जाता तो मैं खूब पढ़ता और मेहनत से लिखना सीखता...अब क्या है?...जैसे बौने और हैं, एक मैं भी हूँ। मैंने अभी तक जो कुछ भी लिखा है, पाँच-दस साल में लोग सब भूल-भाल जाएँगे। लेकिन सन्तोष मुझे यही है कि मैंने जो रास्ता खोल दिया है, वह जीवित रहेगा। यही लेखक की दृष्टि से मेरी सबसे बड़ी सफलता होगी।"

असन्तोष और तटस्थता—चेख़व की सफलता के मूल रहस्य हैं। लेकिन इन दोनों विशेषताओं को प्राप्त करने के लिए उसे क्या मूल्य चुकाना पड़ा था, यह बहुत कम लोग जानते हैं। चूँकि लिखना उसे पैसे के लिए पड़ा इसलिए अपने लिखे से उसे कभी सन्तोष नहीं हुआ, और अपनी इस विवशता के प्रति तीव्र वितृष्णा ने उसमें अपनी रचनाओं, अपने समसामयिकों, सभी के प्रति एक ऐसी तटस्थता की भावना भर दी कि वह बड़ी निर्लिप्तता से सभी के प्रति अपने विचार प्रकट कर सकता था।

17 जनवरी, 1860 से 2 जुलाई, 1904 के बीच का लगभग 44 वर्षों का चेख़व का जीवन कुछ ऐसी असाधारण परिस्थितियों में विकसित हुआ कि उसमें चेख़व के प्रारम्भिक दिनों की पृष्ठभूमि हमेशा ही झलकती रही। हालाँकि चेख़व ने सुवोरिन को एक पत्र में लिखा कि उसने 'अपने भीतर से गुलाम की आखिरी बूँद तक निचोड़ फेंकी है', लेकिन यह सही है कि उसके

पात्रों में छाई उदासी, निराशा की अमिट छाप उस 'गुलाम' की ही देन है। चेख़व के दादा, मिखाइलोविच चेख़व राजस्थानी गोली की तरह गुलाम थे, और उन्होंने 3500 रूबल देकर अपनी स्वतन्त्रता खरीदी थी। साथ ही अपने बेटे पावेल इगोरोविच चेख़व को उन्होंने एक जनरल स्टोर की दूकान भी खुलवा दी थी। इन्हीं के पाँच बेटे और एक लड़की चेख़व के भाई-बहन थे। पावेल का स्वभाव बहुत क्रूर था और वह बात-बात में अपने बच्चों को बुरी तरह मारते, पत्नी को गालियाँ सुनाते थे। अपनी गुलामी के दिनों में उन्होंने जनरल चेरत्ख़ोव को अपने नौकरों के साथ जो व्यवहार करते देखा था, ठीक वही व्यवहार वह अपने नौकरों से करते थे। उन्होंने चूँकि रईसी और गुलामी एक ही जीवन में देखी थी, इसलिए रईसों की भी अच्छाइयों की जगह बुराइयाँ ही अधिक ग्रहण कीं। जब भी घर से बाहर निकलते थे तो बिल्कुल 'टिप-टॉप'। बच्चों को जबरदस्ती गिरजे भेजते, प्रार्थनाएँ कराते और ज़रा-सी ग़लती होने पर बुरी तरह मारते। बचपन की इसी क्रूरता ने चेख़व की 'आत्मा में एक ऐसा घाव' छोड़ दिया जिसकी पीड़ा वह जीवन के अन्तिम दिनों तक अनुभव करता रहा। 'कैदियों की तरह खड़े होकर प्रार्थना करने' की विवशता ने उसे ऐसा नास्तिक बना दिया कि आगे चलकर हर सिद्धान्त के प्रति उसका विश्वास टूट गया, और एक अजब अनास्था उसे मथती रही। कर्ज़दार हो जाने के कारण पूरा परिवार बाद में मॉस्को चला आया और चेख़व तागनरोग में ही पढ़ता रहा। स्कूल में वह बुद्धू क़िस्म के लड़कों में से था।

मॉस्को आकर उसने डॉक्टरी की पढ़ाई शुरू की। यह जीवन उसके कठिनतम संघर्षों का युग था। भाइयों के दुर्व्यसनों सहित पूरे परिवार का पालन और अपनी पढ़ाई। चेख़व ने ट्यूशन किए, दर्जी के यहाँ नौकरी की और गोर्की के अनुसार : "उसे जवानी की सारी शक्ति जीवित रहने के लिए झोंक देनी पड़ी।" उसने एक से अधिक बार कहा कि "मैंने कभी बचपन जाना ही नहीं।" स्कूल में भी हमेशा संगी-साथीहीन अकेले ही उसका समय बीतता। अपनी 'तीन वर्ष' शीर्षक लम्बी कहानी में लैवितन के बचपन के रूप में चेख़व ने बहुत कुछ अपना ही जीवन दिया है और इसी सबको लिखने को एक बार उसने सुवोरिन को पत्र में लिखा था : "यदि तुम लिख सकते हो तो एक ऐसे लड़के की कहानी लिखो जिसे ज़िन्दगी में सिवाय दुःख के कुछ नहीं मिला—अच्छा खाना-पहनना नहीं मिला। मार के सिवा जिससे कभी किसी ने प्रेम से बात नहीं की। स्कूल में हमेशा फिसड्डी रहा और अछूत की तरह माना जाता रहा।"

चेख़व की पहली रचना 'एक समझदार पड़ोसी को ख़त' थी जो 'ड्रैगन फ्लाई' नामक पत्रिका में छपी। फिर तो वह 'अलार्मक्लॉक' इत्यादि में निरन्तर लिखता रहा। उसे पता भी नहीं था कि उसका यह लिखना क्या

प्रभाव पैदा कर रहा है। जब वह पहली बार मॉस्को से पीटर्सबर्ग आया तो उसका ऐसा स्वागत हुआ कि वह दंग रह गया। लोग उसे बड़ा कहानीकार मानने लगे थे और उन्होंने 'फ़ारस के शाह' की तरह उसका अभिनन्दन किया। अभी तक वह ए. चेखोन्ते के नाम से लिखता था। यहीं उसका परिचय प्रसिद्ध लेखक अलेक्सी सुवोरिन से हुआ और शीघ्र ही वह उसके पत्र 'नया ज़माना' में धारावाहिक रूप से लिखने लगा। यहाँ उसे अपनी रचनाओं के पैसे भी अधिक मिलते थे–बाद में तो इसी पत्र में 40 कॉपेक हर पंक्ति के हिसाब से मिलने लगा।

यद्यपि टॉल्सटॉय इत्यादि ने हमेशा ही कहा कि उसके लेखन में उसकी डॉक्टरी बाधक है, लेकिन स्वयं चेख़व का विचार था कि इसने उसके लेखन को अधिक तर्कसंगत और सन्तुलित किया और उसे दैनिक जीवन में होनेवाली ऐसी छोटी-छोटी ग़लतियों से बचा लिया है जो बड़े-से-बड़े लेखकों में पाई जाती हैं। उसने लिखा : "डॉक्टरी मेरी वैध पत्नी है और साहित्य प्रेयसी। मैं जब एक से ऊब जाता हूँ तो दूसरी के पास चला जाता हूँ।" बाद में जब वह अपनी जायदाद मिलीख़ोवे में बस गया था तो तीन घंटे नियमपूर्वक लोगों को अपनी डॉक्टरी की सेवाएँ मुफ़्त देता था।

जब 1888 में उसे 'पुश्किन पुरस्कार' मिला तब तक लोग उसकी प्रतिभा को पहचान चुके थे और ग्रिगोरोविच के अनुसार उसमें वह प्रतिभा थी जो उसे नए लेखकों के मंडल से ऊँचा उठा देती है। यद्यपि साहित्य में बड़ी तेज़ी से उसका स्थान बनता जा रहा था लेकिन यह कचोट उसे खाए जा रही थी कि अपनी वैध पत्नी–डॉक्टरी–के प्रति उसका रवैया सख़्त हरामख़ोरी का है। उन दिनों के पत्रों में उसका यह मानसिक द्वन्द्व बड़े मुखर रूप में आया है। अचानक लोगों ने सुना कि हमेशा बीमार रहने वाला चेख़व कील-काँटे से लैस होकर साइबेरिया को पार करके लम्बी भयानक यात्रा का प्रोग्राम बनाकर साढ़े छः हज़ार मील दूर शाख़ालिन 'द्वीप' जाने के लिए निकल पड़ा है। उस समय ब्लादिवोस्तक से लेनिनग्राद तक जाने वाली संसार की सबसे बड़ी रेलवे लाइन नहीं बनी थी। अतः प्रायः सारा ही सफ़र घोड़ागाड़ी या नाव में तय करना था। शाख़ालिन द्वीप में उन दिनों रूस के आजन्म कारावास पाए क़ैदी भेजे जाते थे। डॉक्टरी को कुछ नई देन वह अपनी इस 'क्वक्ज़ोटिक' (स्वयं चेख़व ने ही अपनी यात्रा को यह नाम दिया) यात्रा से दे सकेगा : यही बात उस समय के उसके पत्रों में पाई जाती है। सुवोरिन और अपनी बहन मेरिया कैसीलेव को उस यात्रा का विस्तृत विवरण देते हुए चेख़व के पत्र, जहाँ एक ओर चेख़व के अदम्य साहस और अटूट निष्ठा के प्रमाण हैं, वहाँ संसार के पत्र-साहित्य की अमूल्य निधियाँ भी हैं। किस तरह बर्फ़ीली आँधियों, बाढ़ और दलदलों को पार करता हुआ बवासीर का बीमार, टी.बी.

में खून थूकता वह व्यक्ति शाख़ालिन पहुँचा, सचमुच उस वर्णन को पढ़कर मन सिहर उठता है। लौटते समय उसने समुद्री रास्ता लिया और सिंगापुर-कोलम्बो होता हुआ लौटा। यह तीन महीने की यात्रा उसके जीवन और साहित्य में एक बहुत बड़ा मोड़ है। इसी यात्रा ने उसे टॉल्सटॉय के सत्याग्रह और आत्मसंयम वाले 'आत्मघाती' दर्शन से मुक्त किया।

शाख़ालिन का बाह्य वर्णन देते हुए यद्यपि उसने 'शाख़ालिन' नाम की पुस्तक लिखी, लेकिन उसकी मानसिक उथल-पुथल का विशद चित्र हमें उन्हीं दिनों लिखे गए उसके लघु उपन्यास 'टक्कर' में मिलता है। उसकी दूसरी लम्बी कहानी 'वार्ड नं 6' तथा 'मेरा जीवन' को आलोचकों ने अधिक महत्त्व दिया है, लेकिन मेरा विश्वास है कि लम्बी कहानी की कला की दृष्टि से ही नहीं; उन दिनों के चेख़व-मानस को समझने के लिए 'टक्कर' से अच्छा कोई उदाहरण नहीं है। उन दिनों उसने 'सुवोरिन' को एक पत्र में लिखा था : "मेरा तो कहना यह है कि हर लेखक को शाख़ालिन अवश्य ही जाना चाहिए। मैं भावुक नहीं हूँ। अगर होता तो यहाँ तक कहने को तैयार हो जाता कि हमें शाख़ालिन जैसी जगहों की उसी तरह तीर्थयात्रा करनी चाहिए, जैसे तुर्क मक्क़ा की करते हैं...ऐसी जगह में केवल उसी देश को कोई दिलचस्पी नहीं हो सकती, जो शाख़ालिन में हज़ारों आदमियों को निर्वासन न देता हो और जिसका लाखों रुपया उस पर ख़र्च न होता हो। आस्ट्रेलिया के सिवा और ऐसी कौन-सी जगह है जहाँ क़ैदियों के पूरे-के-पूरे उपनिवेश बसे हों? हम मन्दिरों में बैठकर मानवता की भलाई की प्रार्थना करते हैं; लेकिन कभी हमने सोचा है, शाख़ालिन जैसी जगह में मानव पर क्या बीतती है? शाख़ालिन ऐसी असहाय यन्त्रणाओं का स्थान है जिन्हें मानव के सिवा—चाहे वे गुलाम हों या स्वतन्त्र—कोई और सह ही नहीं सकता। कल्पना करो, हमने लाखों आदमियों को किस तरह सड़ने, मरने और कुत्तों की मौत पाने के लिए वहाँ छोड़ दिया है। कड़कड़ाती ठंड में ज़ंजीरों से बाँधकर हाँका है। हाँ, हमें अपने देश के कलंक इस शाख़ालिन को देखने की बेहद ज़रूरत है। दुःख मुझे यह था कि कोई और इस सबको देखने के लिए मेरे साथ नहीं था।" वहाँ क़ैदियों पर किए जाने वाले अमानुषिक अत्याचारों को देखकर उसकी आँखों के आगे से जैसे एक पर्दा हट गया। उसने अपनी पुस्तक 'शाख़ालिन' में लिखा : "क्या क़ैदियों का इस अत्याचार—कोड़ेबाज़ी, बेगार और भ्रष्टाचार—का प्रतिरोध न करना उनके अफ़सरों का 'हृदय-परिवर्तन' कर उन्हें अच्छा आदमी वना सकता है? वहाँ तो वर्षों से यही होता आ रहा है और अगर सचमुच 'पाप का प्रतिकार न करो' का सिद्धान्त कोई प्रभावशाली सिद्धान्त होता तो शाख़ालिन पहली जगह है जहाँ उसका प्रभाव दिखाई देना चाहिए था।"

'टक्कर' में लायव्स्की और वॉनकरेन के विचारों का संघर्ष उसके इसी

मानसिक आन्दोलन को लेकर आता है। लायव्स्की भावुक, पराजयवादी और निकम्मे क़िस्म का व्यक्ति है जो दार्शनिक उक्तियों और आप्त वाक्यों में अपनी दुर्बलताओं को छिपाना चाहता है। जीव-वैज्ञानिक वॉनकरेन ठोस व्यावहारिक है—और अन्त में वैज्ञानिक व्यावहारिकता के साथ मानवतावाद की विजय होती है। 'वार्ड नं. 6' में तो डॉ. रागिन (जो टॉल्सटॉय के सिद्धान्तों का प्रतीक है और नौकर से पानी भी माँगने में हिचकता है) पागल होकर मरता है। वहाँ तो उस दर्शन को चेख़व ने पूरी तरह उतार फेंका है। अपनी पत्नी ओल्गा निपर को उसने लिखा था : "अफ़सोस, मैं कभी भी टॉल्सटॉयवादी नहीं बनूँगा, क्योंकि मैं स्त्रियों में सबसे अधिक उनके सौन्दर्य को प्यार करता हूँ। मनुष्य के विकास में मुझे सुन्दर ग़लीचों, स्प्रिंगदार गाड़ियों और मेधा की तीव्रता के रूप में आने वाली संस्कृति पसन्द है।"

चेख़व के अन्य जीवनी-लेखकों ने—यहाँ तक कि उसके चचेरे भाई मिख़ाइल चेख़व तक ने—उसकी शाख़ालिन-यात्रा के एक कारण को काफ़ी हद तक नज़रअन्दाज किया है। शायद इसका कारण यह है कि इस बात का ज़िक्र उसके पत्रों में नहीं आया है और प्रसिद्ध आलोचक शुस्तोव के शब्दों में यह हमें स्वीकार करना होगा कि "चेख़व की पूरी जीवनी कोई नहीं जानता।" फिर भी डेविड मैगार्शक ने इस सिलसिले में उसकी महिला मित्र या प्रेमिका—लिडिया एविलोव—को लिखे गए पत्रों तथा एविलोव की पुस्तक 'मेरे जीवन में चेख़व' की ओर ध्यान खींचा है और किसी हद तक 'टक्कर' कहानी से इस बात की पुष्टि भी होती है।

सचमुच एविलोव से चेख़व की मित्रता एक पहेली बनकर उसके जीवन में आई। पीटर्सबर्ग में उसका नाटक 'आइवानोव' खेला जाने वाला था—और वह रिहर्सल के समय वहीं था। पीटर्सबर्ग में वह 'पीटर्सबर्ग-ग़जट' के सम्पादक खुदकोव से मिलने गया। वहीं उसकी साली एविलोव मिली। वह एक बच्चे की माँ थी; लेकिन दोनों एक-दूसरे से इतने प्रभावित हुए कि प्रथम दर्शन में ही एक-दूसरे को घंटों आँखें फाड़े देखते रहे। एविलोव के शब्दों में : "हम दोनों एक-दूसरे की आँखों में ही देखते रहे; लेकिन उन्हीं दृष्टियों में हमने कितना कुछ विनिमय कर लिया था। मुझे तो ऐसा लगा जैसे मेरे भीतर एक विस्फोट हो उठा है—प्रकाश, आह्लाद और विजय का विस्फोट। मैं समझ गई कि चेख़व की भी हालत यही है।" और इन दोनों की अन्तिम मुलाक़ात वह थी जब 'सी-गल' का मॉस्को आर्ट थियेटर द्वारा चेख़व के लिए व्यक्तिगत रूप से अभिनय किया गया और बुलाने पर भी वह नहीं आई। चेख़व और लिडिया बिना एक-दूसरे के रह नहीं सकते थे और जब भी वे मिलते थे तो लड़ पड़ते थे। जो कुछ चेख़व चाहता था और प्राप्त नहीं कर सकता था, साथ ही जिसके बिना रह भी नहीं सकता था, उसी की कशमकश

में वह शाख़ालिन की ओर चल पड़ा। 'टक्कर' कहानी में नायक लायव्स्की भी 'अन्ना कैरेनिना' की तरह एक विवाहित महिला नाद्या फ़्योदोरोव्ना को लेकर सुदूर काकेशस प्रांत में चला जाता है। 'सी-गल' नाटक के तीसरे दृश्य में 'नीना' प्रेम का संदेश ठीक लिडिया की तरह भेजती है। एक बार लिडिया ने जौहरी से बिल्कुल छोटी किताब की शक्ल का झुमका बनवाया—ज़ेबघड़ी की जंजीर में लटकने वाला। उसके एक तरफ खुदवाया गया 'चेख़व की कहानियाँ' और दूसरी तरफ़ 'पृष्ठ 267, लाइन छः-सात'। यह संकेत था चेख़व की 'पड़ोसी' कहानी की एक लाइन की ओर—"अगर तुम्हें कभी भी मेरे प्राणों की आवश्यकता पड़े, तो निःसंकोच आना और ले लेना।" और इसके बाद शायद मित्रता समाप्त हो गई।

चेख़व का विवाह हुआ 'मॉस्को आर्ट थियेटर' की प्रसिद्ध अभिनेत्री ओल्गा निपर से। वह उसके नाटक 'सी-गल' में आर्कदीना इरीना निकोलायेव्ना बनी थी। उसने उन दिनों सुवोरिन को लिखा : "मुझे ऐसा लगता है कि मैं तुम्हारी इरीना से प्रेम करने लगा हूँ।" मॉस्को आर्ट थियेटर चेख़व के नाटक खेलता रहा और दोनों एक-दूसरे के निकट आते गए। चेख़व इन दिनों 'मिलिख़ोवो' में था। विवाह के विषय में भी उसके विचार बड़े विचित्र थे। रोज़-रोज़ दिखने वाली पत्नी के पक्ष में वह नहीं था—वह तो ऐसी पत्नी चाहता था जो चाँद की तरह दिखे और छिप जाए। उनका विवाह मॉस्को के एक एकान्त गिरजे में हुआ। उस समय केवल ओल्गा निपर की ओर के दो आदमी थे।

मॉस्को के बिना चेख़व रह नहीं सकता था और वहाँ का जलवायु उसे वहाँ रहने नहीं देता था। अतः कभी मॉस्को और कभी बाहर आते-जाते ही उसका समय बीता। अन्तिम दिनों में जब उसकी तबीयत बहुत ख़राब हो गई तो पति-पत्नी जर्मनी के बीदनकीलर क्लीनिक चले गए, और वहीं उसकी मृत्यु हुई। वास्तव में वह इतनी प्रचंड जिजीविषा वाला व्यक्ति था कि उसने बीमारी से कभी हार नहीं मानी। उसने अपने एक मित्र को लिखा था : "बीमारी से लड़ना मेरा स्वभाव बन गया है। बिल्कुल ऐसा लगता है कि एक राक्षस है जो हमेशा मेरे सामने रहता है। कभी वह मुझे पछाड़ देता है, कभी मैं उस पर चढ़ बैठता हूँ।" मृत्यु के कुछ मिनट पहले तक वह अंग्रेज़ों और अमेरिकनों के खाऊपन पर एक ऐसा मज़ेदार क़िस्सा निपर को सुना रहा था कि वह मारे हँसी के सोफ़े पर दुहरी हो गई थी। चेख़व के अन्तिम समय का जो हृदयस्पर्शी वर्णन निपर ने दिया है, वह 'व्यक्ति' चेख़व के साहस का अद्वितीय उदाहरण है : "बात करते-करते उसे दौरा आ गया, जीवन में पहली बार उसने डॉक्टर के लिए कहा। डॉक्टर आया तो उसने शैम्पेन दी। बड़े विचित्र ढंग से मुस्कुराकर चेख़व ने कहा—'बहुत दिन हो गए हैं शैम्पेन पिए।'

और जर्मन में बोला—'अब मैं जा रहा हूँ।' "

चेख़व को नीचता, ओछेपन और गन्दगी से सदैव ही घृणा रही—वह इनका कट्टर दुश्मन था। इनको उसने कभी भी क्षमा नहीं किया और गोर्की के अनुसार मृत्यु के बाद जैसे इन्हीं सब चीज़ों ने उससे मिलकर बदला लिया : "उसकी शवयात्रा में मुश्किल से सौ आदमी थे। उनमें से दो वकील तो मुझे अभी भी याद हैं। दोनों नए जूते और रंगीन टाइयाँ पहने थे और दूल्हों-से लग रहे थे। पीछे चलते हुए मैंने सुना, एक तो कुत्तों की बुद्धिमत्ता पर बहस कर रहा था, और दूसरा अपने गाँव के घर के आराम तथा आसपास के दृश्यों का बखान कर रहा था।"

गोर्की, स्तेनिस्लेव्स्की, प्लेश्चयेव, कोरोलैंको, टॉल्सटॉय इत्यादि चेख़व के घनिष्ठ मित्रों में से थे। ओल्गा निपर और एविलोव के पत्रों में, जो प्रेम-पत्रों के अद्‌भुत उदाहरण हैं, उसने जिस ढंग से गोर्की का ज़िक्र किया है, उससे तो ऐसा लगता है कि पुरुष मित्रों में सबसे अधिक स्नेह उसे गोर्की से ही था। एविलोव को उसने लिखा : "तुम गोर्की से मिली हो? देखने में वह आवारा-सा लगता है; लेकिन वास्तव में वह बहुत ही शिष्ट और सभ्य व्यक्ति है। स्त्रियों से बहुत शर्गाता है। मैं चाहता हूँ, उसे कुछ स्त्रियों से मिलाऊँ।" उसने स्वयं गोर्की को लिखा : "तुम सचमुच प्रतिभाशाली व्यक्ति हो। तुम्हारी 'खादरों में' कहानी पढ़कर मैं बहुत ही प्रसन्न हुआ। वाह! क्या कहानी है! काश, वह मैंने लिखी होती।" जब वह याल्टा में था तो गोर्की उनके घर आकर अपने जीवन के अनुभवों के अक्षय भंडार में से अजब-अजब क़िस्से चेख़व-दम्पति को सुनाया करता था। लेकिन उसने गोर्की के 'गढ़े हुए मनोविज्ञान' और 'गूँजने गरजने' वाले शब्दों, छायावादी शैली की सूक्ष्म अभिव्यक्ति की बेलौस आलोचना की। गोर्की ने अपना 'फ़ोमागार्जयेव' उपन्यास चेख़व को भेंट किया है, और शायद सबसे अधिक कटु आलोचना चेख़व ने उसकी ही की है। फिर भी जब चेख़व को राज्य की 'साइन्स अकादमी' का सदस्य चुना गया, लेकिन गोर्की के राजनैतिक विचारों के कारण, 'ज़ार' ने व्यक्तिगत हस्तक्षेप करके गोर्की की सदस्यता छीन ली, तो चेख़व और कोरोलैंको ने स्वयं विरोधस्वरूप सदस्यता से त्याग-पत्र देकर राज्य के सबसे बड़े सम्मान को ठुकरा दिया। इसी तरह ज़ोला का लिखना उसे कभी पसन्द नहीं आया, लेकिन जब उसे कैप्टेन ड्रीफुस के सिलसिले में झूठा मुक़दमा चलाकर सज़ा हो गई, तो उन्हीं दिनों सुवोरिन के पत्र 'नया ज़माना' को अधिकारियों का पक्ष लेता हुआ देखकर उसका खून खौल उठा। उसने अपने भाई मिखाइल को लिखा : "यह सुवोरिन ज़रा भी अच्छा आदमी नहीं है।...मेरा मन नहीं होता कि उसे पत्र लिखूँ...न चाहता हूँ कि वह मुझे लिखे...।"

साहित्य की तीन विधाओं में चेख़व संसार के सर्वश्रेष्ठ लेखकों में है : कहानी, नाटक और व्यक्तिगत पत्र—और तीनों में ही उसका निश्छल 'महान् मानव हृदय' बोलता है।

चेख़व की कला और विषयवस्तु की एकमात्र विशेषता है—सादगी और बनावट से बचना। कहानी को इतने सादे और सीधेपन से अनायास ही वह प्रारम्भ और समाप्त कर देता है कि पाठक चकित रह जाता है। उसमें तकनीक और शिल्प के ओ. हैनरी जैसे कमाल नहीं हैं। सामाजिक आडम्बर को तेज़ नश्तरी चाकू की तरह इस्तेमाल करके वह मोपासाँ की तरह पाठक को स्तम्भित नहीं करता—बल्कि ऐसी स्वाभाविकता से अपनी कहानी को कहना प्रारम्भ कर देता है कि उसकी कथा, उसके पात्र, वार्तालाप सब कुछ हमारे हृदय की धड़कनों के साथ मिल जाते हैं; वर्षों याद रहते हैं! उसकी नाचने वाली लड़की का कथानक अगर मोपासाँ के पास होता तो शायद वह 'सिग्नल' से भी अधिक तीखा व्यंग्य लिख डालता। उसकी कहानी 'चुड़ैल', 'घोड़ा चोर', 'काला संन्यासी', 'प्रियतमा पड़ोसी', 'चुम्बन', 'दलदल' इत्यादि जैसे अपने साथ हमें विभिन्न वातावरणों में घुमाती हैं। 'दलदल' का कथानक 'नाना' के उस हिस्से की याद दिलाता है जहाँ जॉर्ज और फिलिप्पे दोनों भाई नाना के पास आते-जाते हैं। लेकिन ज़ोला और चेख़व में फ़र्क़ है। मुझे तो सबसे अधिक आकर्षित चेख़व की इस बात ने किया है कि न तो उसमें तीखापन है और न उसके पास 'विलेन' है। व्यंग्य और हास्य संसार के किसी भी लेखक से उसके पास कम हैं, यह कहना ग़लत होगा; लेकिन उसका व्यंग्य तिलमिलाने वाला व्यंग्य नहीं, रुलाने वाला व्यंग्य है—जैसे 'दिल का दर्द' या 'दूसरा शमादान' कहानी में। और, जब वह हँसता है तो बिना किसी द्वेष के जी खोलकर हँसता है, जैसे 'अपराधी', 'गिरगिट' इत्यादि कहानियों में। सचमुच कितने छोटे-छोटे विषयों पर उसने कहानियाँ लिखी हैं—लेकिन कितनी प्रभावशाली और स्मरणीय! उसकी 'प्रियतमा' कहानी की आलोचना करते हुए टॉल्सटॉय ने लिखा था : "अद्वितीय चुहल और हास्य के बावजूद, मेरी आँखों में तो कम-से-कम इस आश्चर्यजनक कहानी के कुछ हिस्सों को पढ़कर बिना आँसू आए नहीं रहे।"

उसका स्वयं का विचार था कि आप संसार की हर चीज़ के साथ चालाकी और धोखा कर सकते हैं, लेकिन कला के सामने तो आपको मुक्त हृदय से ही आना होगा। या "साहित्य एक ऐसी मरखनी पत्नी है जो आपसे पूरी ईमानदारी की माँग करती है!" अलेक्जेन्द्र को उसने पत्र लिखा था : "लेखक की मौलिकता उसकी शैली में ही नहीं, उसकी आस्थाओं और उसके विश्वासों के रूप में भी अपने आपको अभिव्यक्त करती है।"

उसके जीवन-काल में स्कैविशेव्स्की और मरते ही शुस्तोव जैसे आलोचकों

ने उसके विषय, पात्रों के अत्यन्त ही साधारण और उपेक्षणीय होने की शिकायत की थी। शुस्तोव ने तो उसकी असहाय मृत्योन्मुख कातरता को ही उसकी रचनाओं, उसके सभी पात्रों का मूल मानकर उसके साहित्य की व्याख्या कर डाली। अपने प्रसिद्ध लेख में वह लिखता है : "हालाँकि ऐसे भी आलोचक थे जो कहते थे कि 'वह कला कला के लिए' के सिद्धान्त का गुलाम था और उन्होंने उसकी तुलना एक उड़ते हुए निश्चिंत पक्षी से कर डाली है, लेकिन सच्चाई तो यह है कि उसका अपना उद्देश्य ही अलग है। मैं तो एक शब्द में कहूँगा कि वह निराशावाद का कवि था।" आगे वह कहता है कि चेख़व में "हर जगह आपको वही निराशावाद, बीमारी, अनिवार्य मृत्यु ही मिलेगी, जैसे कहीं कोई आशा न हो, यथास्थिति में रत्ती-भर परिवर्तन की गुंजाइश न हो!" लेकिन चेख़व की इसी सच्चाई को कालनिन ने दूसरी तरह स्वीकार किया है कि तत्कालीन रूसी हृदय को समझने के लिए चेख़व से अधिक सही, सच्ची और जीवित तस्वीर हमें कहीं नहीं मिल सकती। यही वह रूसी हृदय था जो सन् 1917 की महान् क्रान्ति के लिए तैयार हो रहा था। अगर चाहें तो कह सकते हैं कि रूसी हृदय की वास्तविकता को चेख़व ने पकड़ा और उसकी महत्त्वाकांक्षाओं, परिवर्तन की अदम्य इच्छा को गोर्की ने ऊँचा उठाया। अपनी विवशता को चेख़व ने बड़ी ईमानदारी से स्वीकार किया है : "अक्सर मेरी भर्त्सना की गई है—और उन भर्त्सना करने वालों में टॉल्सटॉय भी हैं—कि मैंने बहुत छोटी-छोटी चीज़ों पर लिखा है, मेरे पास कर्मठ नायक नहीं हैं, अलेक्जेन्द्र और मैकेदोन जैसे क्रान्तिकारी नहीं हैं, यहाँ तक कि लेस्कोव की कहानियों जैसे ईमानदार पुलिस इंस्पेक्टर भी नहीं हैं। लेकिन आप बताइए, यह सब मैं कहाँ से लाता? घोर साधारण हमारा जीवन है, हमारे शहर ऊबड़-खाबड़ और गाँव गरीब हैं। लोग जीर्ण-शीर्ण हैं। जब हम लोग बच्चे होते हैं तो चूहों, गिलहरियों की तरह घूरों पर आनन्द से खेलते हैं—और जब चालीस पर पहुँचते हैं तब तक बूढ़े हो चुके होते हैं—मृत्यु के बारे में सोचना शुरू कर देते हैं...सोचिए तो सही, किस तरह के नायक हम लोग हैं?" (मोरोजोव के यहाँ तिख़ानोव से वार्तालाप)। शायद इन्हीं सब आक्षेपों से क्षुब्ध होकर उसने अपनी नोटबुक में लिखा : "हमारे शहरों की ज़िन्दगी में कोई निराशावाद नहीं है, कोई मार्क्सवाद नहीं है, किसी भी तरह की कोई हलचल नहीं है; अगर कुछ है तो वह है अवरोध, बेवक़ूफी और छिछलापन।" और इसीलिए उसने जिस यथार्थवाद को अपनाया, वह था : "आदमी तभी अच्छा बन सकेगा जब आप उसे दिखा दें कि वास्तव में वह है क्या।" (नोटबुक, 55)। यों शुस्तोव की तरह यह कह देना शायद उसके साथ बहुत बड़ा अत्याचार है कि "वस्तुतः चेख़व का वास्तविक और एकमात्र हीरो हताश मनुष्य है। सिवा पत्थर पर सिर फोड़ने के जीवन में जिसके लिए

कोई काम ही नहीं बचा है।''

यह ठीक है कि किसी भी प्रकार का 'लेबिल' लगाए जाने से उसे घृणा थी : ''कुछ विशेष बातों से ऊपर न उठ पाने की सामर्थ्य ही मनुष्य के पूर्वग्रहों की जड़ है...कलाकार को तो तटस्थ दर्शक होना चाहिए। मैं न तो उदार-पंथी हूँ, न पुराण-पंथी...मुझे तो स्वतन्त्र कलाकार होना पसन्द है।'' और उसने 1889, अक्तूबर में प्लेश्चयेव को लिखा कि ''उन लोगों से मुझे शुरू से डर रहा है जो उदारपंथी या रूढ़िपंथी—इन खेमों में मुझे बाँटकर देखना चाहते हैं। मैं साधु, सन्त, उदार, रूढ़ कुछ भी नहीं हूँ, इसलिए इन लेबिलों को दुराग्रह मानता हूँ। ये ट्रेडमार्क खतरनाक हैं।'' उसकी इसी प्रकार की उक्तियों के आधार पर हिन्दी में श्री बनारसी दास चतुर्वेदी जैसे लेखक उसे उसके शेष जीवन से काटकर 'शुद्ध कलाकार' सिद्ध करके पूजने लगते हैं; लेकिन इसके साथ ही मैं प्लेश्चयेव को लिखे गए इसी पत्र के अगले हिस्से की ओर भी उनका ध्यान आकृष्ट करूँगा : ''मेरी पवित्रतम आराध्य है मानवता, (हवाई मानवता नहीं—ले.) मानव का शरीर—स्वास्थ्य, बुद्धि, प्रतिभा, प्रेम और मुक्ति—झूठ और द्वेष से मुक्ति।'' ग्रिगोरोविच को उसने लिखा : ''जो व्यक्ति किसी से डरता नहीं है, किसी को प्रेम नहीं करता और किसी भी वस्तु की आकांक्षा नहीं करता, वह और चाहे जो बन जाए, कलाकार नहीं बन सकता।'' और लिडिया को लिखा गया वाक्य तो इन सब आरोपों का एक साथ जवाब है : ''मैं मानवता के लिए कुछ कर रहा हूँ, यही एक भाव है जो मुझे जीवित रखे है, वरना मैं कब का आत्महत्या कर चुका होता।'' 'मॉस्को आर्ट थियेटर' की स्थापना के समय का संस्मरण लिखते हुए स्तेनिस्लेव्स्की ने कहा है : ''जीवन को सुन्दरतर बनाने के जो भी प्रयत्न होते थे उन सबसे उसे हार्दिक प्रसन्नता होती थी।''

हाँ, चेख़व सिद्धान्तहीन कोरी नारेबाजी के ख़िलाफ़ था। उसने अपनी नोटबुक (81) में लिखा है : ''अगर आप चिल्लाते हैं, 'आगे बढ़ो!' तो निश्चित रूप से आपको आगे बढ़ने का रास्ता बताना होगा। क्योंकि बिना दिशा बताए अगर आप अपने इन शब्दों से एक क्रान्तिकारी और संन्यासी दोनों को साथ-साथ उत्तेजित कर देते हैं तो वे निश्चित रूप से दो विरोधी दिशाओं की ओर बढ़ते चले जाएँगे।'' इसके अलावा डॉक्टरी द्वारा अपने स्थान के आसपास के गाँवों की जिस निष्ठा से वह सेवा करता था—उसकी शाख़ालिन-यात्रा या जीवन की अन्य ऐसी ही बीसियों घटनाएँ हैं जो बताती हैं कि वह 'तटस्थ' और 'शुद्ध कलाकार' नहीं था, बल्कि सक्रिय राजनैतिक सिद्धान्तों को न अपना पाना उसकी सबसे बड़ी कमज़ोरी थी। इस दिशा में उसकी अपनी कहानी 'प्रियतमा' विचित्र तरह से उसके जीवन से मिलती है। ओलेंका बिना किसी के प्यार का आधार पाए रह नहीं सकती और एक के

बाद दूसरे के प्यार में अपने को डुबाती जाती है। इसी प्रकार चेख़व के विचारों की यात्रा के भी चार टिकाव हैं—लेनिन, सुवोरिन, टॉल्सटॉय और गोर्की। अपने अन्तिम दिनों में तो वह गोर्की से इस हद तक सहमत हो गया कि "ईसाइयत और सामाजिक दोनों दृष्टिकोणों से 'फिलिस्तीनवाद' को पाप मानता है। नदी के बाँध की तरह यह हमेशा जीवन में गतिरोध पैदा कर देता है और गोर्की के ये शराबी, गँवार और आवारा ही इस गतिरोध के ख़िलाफ़ सबसे सही इलाज दिखाई देते हैं। हालाँकि इससे गतिरोध एकदम तो नहीं टूटता फिर भी एक भयानक दरार उसमें जरूर पड़ जाती है।" (2 फरवरी, 1903 को सुस्वातोव को पत्र); तथा इन्हीं दिनों अपनी कहानी 'दुल्हन' (1903) में उसने लिखा : "हाँ, बहुत जल्दी ही वह नया स्वच्छ जीवन आने को है, जब हर आदमी शान्त और निर्भय होकर अपने भाग्य की आँखों में आँखें डालकर देख सकेगा—सच्ची प्रसन्नता अनुभव कर सकेगा।" और 'तीन बहनें' नाटक का नायक कहता है : "समय आ गया है, एक भयंकर दुर्जेय तूफ़ान उठने वाला है। यह तूफ़ान हमारी ओर बढ़ता चला आ रहा है, बहुत पास आ गया है। शीघ्र ही हमारे समाज की काहिली, मुर्दनी, मेहनत को घृणा से देखने की भावना और सड़ी-गली गन्दगी को यह उखाड़ फेंकेगा।" और उसने डायरी में लिखा : "यह राज-सत्ता बड़ी जल्दी ही चूर-चूर हो जाएगी, चारों तरफ ग़रीबी और भुखमरी है। ग़रीब लोग फटे कपड़े पहने जोकरों-से लगते हैं।" इन वाक्यों के साथ ही हमें हमेशा यह भी याद रखना चाहिए कि चेख़व ने फैशन और शौक के लिए कभी कोई बात नहीं कही। उसका हमेशा आग्रह रहा (उसने अपने भाई अलेक्जेन्द्र को लिखा) : "उस दुःख- तकलीफ़ का वर्णन मत करो, जिसे तुमने स्वयं अनुभव नहीं किया—न उस दृश्य का वर्णन करो जिसे तुमने देखा ही नहीं।"

जीवन का कोई व्यावहारिक सिद्धान्त उसके सामने नहीं था, इसका स्वयं उसे कम दुःख नहीं रहा। दो-एक बार उपन्यास लिखने की कोशिश करने पर भी जब वह सफल नहीं हुआ तो उसने ग्रिगोरोविच को बड़े दुःखी मन से लिखा : "जीवन की कोई राजनैतिक, दार्शनिक और धार्मिक रूपरेखा मैंने अपने सामने नहीं रखी—और जो कुछ थी भी वह मैं हर महीने बदलता रहा, इसीलिए कि मुझे अपने को सिर्फ़ इन्हीं वर्णनों में बाँधकर सन्तोष करना पड़ा कि कैसे मेरे पात्र प्यार करते हैं, बच्चे पैदा करते हैं, बात करते हैं और मर जाते हैं।"

चेख़व की महत्त्वाकांक्षा, अकुलाहट और विवशता सभी को गोर्की की इस कल्पना में कितनी सुन्दर अभिव्यक्ति मिली है : "मानो चेख़व, उदास और दुःखी ईसा की तरह मुरझाए, निर्जीव और हताश लोगों की भीड़ के सामने से गुज़र रहा हो और मन-ही-मन पीड़ा से कराह उठता हो—'भाई,

सचमुच तुम बहुत बुरी दशा में हो'।"

इस संक्षिप्त परिचय के साथ मैं चेख़व के नाटकों का अनुवाद प्रस्तुत कर रहा हूँ। भारत का सामान्य नागरिक आज बड़ी तेज़ी से अपनी राष्ट्रीयता के प्रति सचेत होने के साथ-साथ विश्व-धरातल पर उठ रहा है। राजनैतिक मताग्रहों में, विश्व की बात करते समय हो सकता है, हम 'लोहे की दीवार' के दूसरी ओर की दुनिया को भूल जाएँ; लेकिन विश्व-साहित्य की (विशेष रूप से कथा-साहित्य की) बात बिना रूसी दिग्गजों के, एक क़दम नहीं चल सकेगी। आज भी अगर विश्व के सारे कथा-साहित्य से छः मूर्धन्य नाम छाँटने की बात आए तो तीन केवल रूस से और दो फ्रांस से लेने होंगे।

इन नाटकों के बारे में मैं जानबूझकर कुछ नहीं कह रहा—इब्सन, चेख़व और शॉ की त्रिमूर्ति आज के नाटक अध्येता के लिए सुपरिचित है।

1. 'सी-गल' का अनुवाद हंसनी किसी भी प्रकार नहीं किया जा सकता, यह मैं मानता हूँ। किन्तु हिन्दी में 'सी-गल' के लिए कोई शब्द ही नहीं मिल सका। दूसरे, नाटक में केवल एक ऐसे पक्षी की आवश्यकता थी जो समुद्र या झील के किनारों पर रहता हो। वैसे भी 'सी-गल' में जो एक उन्मुक्त भावनात्मक स्पर्श है, साथ ही जिस कोमल प्रतीक के रूप में उसका उपयोग किया गया है, उसे काफ़ी दूरी तक 'हंसनी' में निभाया जा सका है--मुझे ऐसा लगा।
2. तत्कालीन रूसी समाज में विदाई और स्वागत के अवसर पर आपस में चूमने का रिवाज है--किसी-न-किसी रूप में पश्चिम के सभी देशों में है। उसे ज्यों का त्यों रहने दिया है।

‘हंसनी’ की प्रस्तुति से कुछ दृश्य

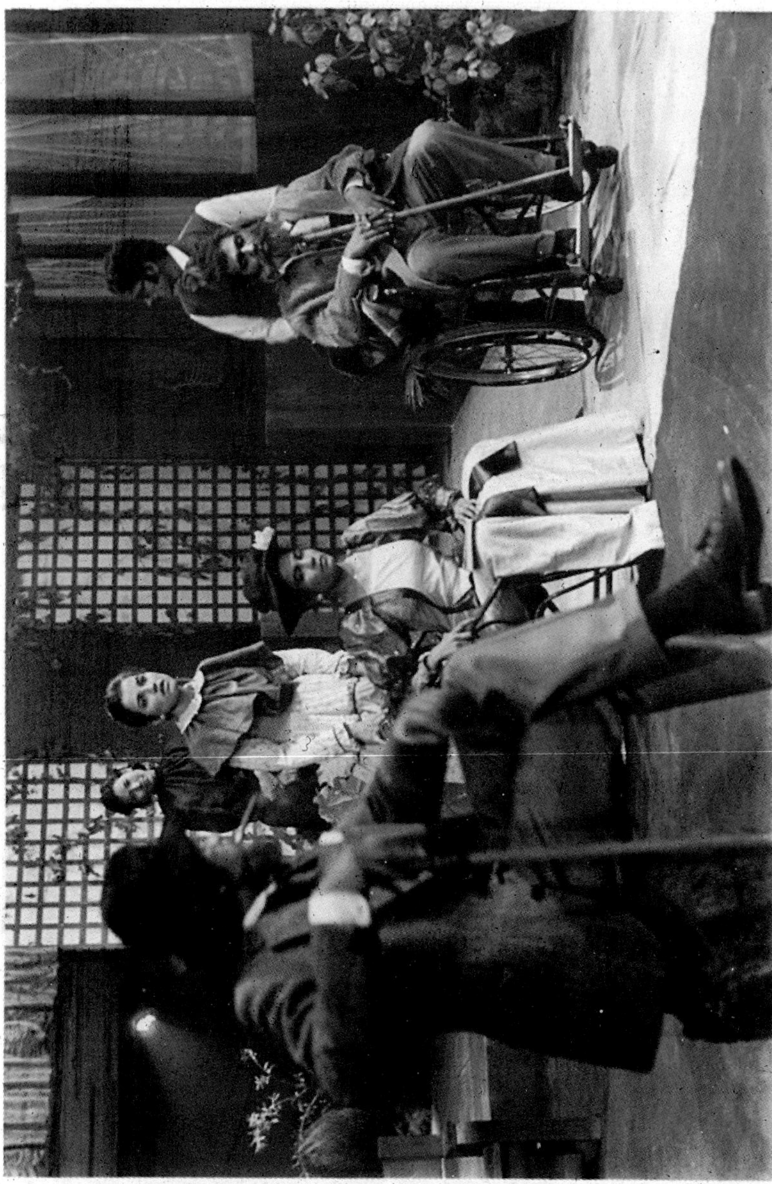

पात्र

इरीना निकोलायेव्ना आर्कदीना	[श्रीमती त्रेपलेव] अभिनेत्री
कोन्स्तान्तिन गाव्रिलिच त्रेपलेव	[आर्कदीना का लड़का] नवयुवक
प्योत्र निकोलायेविच सोरिन	[आर्कदीना का भाई]
नीना मिखायलोवा ज़रेश्न्या	एक धनी ज़मींदार की युवती पुत्री
इल्या अफ़्नास्येविच शार्मयेव	एक पेंशनयाफ्ता लेफ़्टीनेंटः सोरिन का कारिन्दा
पोलिना आन्द्रेव्ना	कारिन्दा की पत्नी
माशा	[पोलिना की पुत्री]
बोरिस अलेक्सीविच त्रिगोरिन	लेखक
येव्गेनी सर्जीएविच दोर्न	डॉक्टर
सिमियन सिमोनोविच मैद्वीद्वैंको	स्कूल मास्टर
याकोव	मज़दूर
	रसोइया और महरी,

घटनास्थल : सोरिन का घर और बाग़

[तीसरे और चौथे अंक के बीच में दो वर्ष का अन्तराल]

अंक : एक

[सोरिन की जमींदारी में बगीचे का एक हिस्सा। चौड़ी रविश दर्शकों की ओर से पीछे दूर झील तक गई है। व्यक्तिगत रूप से शौक़िया नाटक दिखाने के लिए बनाए गए एक भोंड़े से स्टेज ने रविश का रास्ता रोककर झील को छिपा लिया है। स्टेज के दाहिनी और बाईं ओर झाड़ियाँ हैं। सामने कुछ कुर्सियाँ और एक छोटी मेज़।

सूरज अभी छिपा है। याकोव और अन्य मज़दूर उस स्टेज पर पर्दे के पीछे काम कर रहे हैं। धरती कूटने और खाँसने की आवाज़ें। माशा और मैद्वीद्वेंको घूमकर वापिस आते हैं। बाईं ओर से प्रवेश।]

मैद्वीद्वेंको : हमेशा तुम यह काले कपड़े क्यों पहने रहती हो?

माशा : मेरी ज़िन्दगी में तो रोना ही लिखा है। मैं बहुत दुःखी हूँ।

मैद्वीद्वेंको : मगर क्यों? **(विचार-मुद्रा में)** बात मेरी समझ में नहीं आती...स्वास्थ्य तुम्हारा अच्छा-खासा है। बाप तुम्हारा बहुत रईस न सही, फिर भी खाता-पीता है। तुम्हारी ज़िन्दगी से मेरी ज़िन्दगी कम कठिन तो नहीं है। महीने में मुझे सिर्फ़ तेईस रूबल मिलते हैं, और उसमें से भी पेंशन के लिए कुछ-न-कुछ कट जाता है; फिर भी, मैं तो ये काले-वाले कपड़े नहीं पहनता।

माशा : पैसा ही तो सब कुछ नहीं है। ग़रीब भी तो सुखी हो सकता है।

मैद्वीद्वेंको : हुँह, ये सिर्फ़ कहने की बातें हैं। असलियत में उसका रूप यह है कि मेरी दो बहनें हैं, माँ है, एक छोटा भाई भी है, मैं हूँ—और तनख़्वाह मेरी सिर्फ़ तेईस रूबल। हमें खाने को चाहिए, पीने को चाहिए—चाहिए कि नहीं? फिर आदमी को चाय-चीनी की भी ज़रूरत पड़ती है, पान-तम्बाकू की भी ज़रूरत है। अब आप खींचतान कीजिए और घसीटिए...।

माशा : **(उस स्टेज के चारों ओर देखकर)** खेल शुरू ही होने वाला है।

मैद्वीद्वेंको : हाँ, ज़रेश्न्या अभिनय करेगी। नाटक कोन्स्तान्तिन गाव्रिलिच ने लिखा है। उन दोनों की आत्माएँ कला को साकार करने में एकाकार हो जाएँगी। लेकिन तुम्हारा और मेरा हृदय एक हो सके ऐसी कोई जगह नहीं है। मैं तुम्हें प्यार करता हूँ। ऐसा बेचैन रहता हूँ कि घर पर रहना मुश्किल हो जाता है। रोज़ चार मील इधर से और चार मील उधर

से चलना पड़ता है; लेकिन तुम्हारी तरफ़ से उपेक्षा के सिवा कभी कुछ नहीं मिलता। ठीक है, मैं सब समझता हूँ। साधन मेरे पास कुछ है नहीं, बड़ा परिवार है...ऐसे आदमी से भला कौन शादी करना चाहेगा जिसके पास खाने तक का ठिकाना न हो?

माशा : उँह, क्या बकवास है! (**चुटकी भरकर सुँघनी चढ़ाती है**) तुम्हारा प्यार मेरे दिल को छूता है, लेकिन बस। इसके बदले में प्यार-व्यार करना मेरे वश का नहीं है। (**सुँघनी की डिब्बी उसकी तरफ़ बढ़ाकर**) सुँघनी लो...।

मैद्वीद्वेंको : नहीं, मन नहीं करता।

[**चुप्पी**]

माशा : कैसी उमस है। आज रात ज़रूर आँधी-पानी आएगा।...तुम या तो हमेशा सिद्धान्त बघारते रहते हो या बस फिर पैसे को रोते हो...तुम समझते हो कि ग़रीबी से बढ़कर और दुर्भाग्य नहीं है। लेकिन मेरे लिए चिथड़ों में घूमना...भीख माँगना हज़ार गुना बेहतर है...बजाय इसके कि...खैर, उस सबको तुम नहीं समझ सकते...।

[**दाहिनी ओर से सोरिन और त्रेपलेव आते हैं।**]

सोरिन : (**अपनी बेंत पर झुककर**) बेटा, गाँव में मुझे खुद अच्छा नहीं लगता और सीधी बात है कि मैं इसका अभ्यस्त भी नहीं हो पाऊँगा। अब कल रात को ही लो। मैं दस बजे सोया और आज सुबह नौ बजे उठा तो ऐसा लग रहा था जैसे इतना ज़्यादा सोने से खोपड़ी में मेरा भेजा जम गया हो (**हँसता है**) खाने के बाद ऐसा हुआ कि मैं ग़लती से फिर सो गया और अब ऐसी थकान है कि चूर-चूर हो गया हूँ। लगता है जैसे वाक़ई मैंने रात-भर बुरे-बुरे सपने देखे हों...।

त्रेपलेव : जी, हाँ, आपको तो शहर में ही रहना चाहिए। (**माशा और मैद्वीद्वेंको को देखते हुए**) भाई, जब खेल शुरू होगा तो तुम लोगों को बुलवा लेंगे—लेकिन इस समय यहाँ तुम्हारी ज़रूरत नहीं है। चाहो तो जा सकते हो।

सोरिन : (**माशा से**) मार्या इलिनिश्ना, जरा अपने बापू से कुत्ते की जंजीर खोलने को कहती जाओगी? भौंके जा रहा है। पिछली रात को बहन फिर नहीं सो सकी...।

माशा : बापू से आप खुद ही कह दीजिएगा। माफ़ करें, मैं तो नहीं कहूँगी। (**मैद्वीद्वेंको से**) आओ चलें।

मैद्वीद्वेंको : (**त्रेपलेव से**) तो नाटक शुरू होने से पहले किसी को भेजकर हमें बुलवा लेंगे न?

[माशा और मेद्वीदेंको जाते हैं।]

सोरिन : यानी कि कुत्ता फिर रात-भर भौंकता रहे। अच्छा मज़ाक है। देखो न, मैं जैसे चाहता हूँ गाँव में कभी रह ही नहीं पाता। पिछले दिनों महीने-भर की छुट्टी लेकर यहाँ आराम करने या दूसरे काम देखने आया करता था, लेकिन जरा-जरा-सी बातों को लेकर ये लोग मुझे इतना तंग कर मारते थे कि दो दिन बाद ही यहाँ से भाग जाने को तड़पने लगता। **(हँसता है)** इस जगह से पिंड छूटने पर हमेशा खुशी हुई...लेकिन अब तो मैं रिटायर्ड लोगों में हूँ, जाऊँ भी तो कहाँ जाऊँ? चाहूँ या न चाहूँ मुझे तो यहीं मरना है...।

याकोव : **(त्रेपलेव से)** कोन्स्तान्तिन गाव्रिलिच, हम लोग ज़रा नहाने-धोने जा रहे हैं।

त्रेपलेव : ठीक है। लेकिन दस मिनट से ज़्यादा मत लगाना। **(घड़ी देखकर)** जल्दी ही हम लोग शुरू कर देंगे।

याकोव : अच्छा सरकार।

त्रेपलेव : **(स्टेज के इधर-उधर देखकर)** यह है हमारा स्टेज। पर्दा, पहला विंग, फिर दूसरा, और इसके बाद खुली जगह। किसी तरह का कोई दृश्य नहीं—बस क्षितिज और झील का खुला नज़ारा। जैसे ही चाँद निकला कि हम लोग ठीक साढ़े आठ बजे पर्दा उठा देंगे।

सोरिन : वाह, बहुत सुन्दर।

त्रेपलेव : नीना ने देर कर दी तो सारा मज़ा किरकिरा हो जाएगा। अब तक उसे आ जाना चाहिए था। उसका बाप और सौतेली माँ उस पर बड़ी कड़ी नज़र रखते हैं—इसलिए उसका घर से निकलना जेल से भाग आने जैसा ही मुश्किल है। **(मामा की नेकटाई सीधी करता है)** आपकी दाढ़ी और बाल बहुत बेतरतीब हो गए हैं। या तो इनकी छँटाई होनी चाहिए या कुछ और...।

सोरिन : **(दाढ़ी सुलझाते हुए)** यह मेरे जीवन की सबसे बड़ी कमज़ोरी रही है। अपनी जवानी के दिनों में भी मेरा चेहरा देखकर लगता था जैसे या तो चोरी-छिपे पीता हूँ या ऐसे और काम करता हूँ। औरतों ने मुझे कभी पसन्द नहीं किया। **(बैठते हुए)** आज तुम्हारी माँ का पारा कैसे चढ़ा हुआ है?

त्रेपलेव : कैसे क्या? वे उकता जो रही हैं। **(उसकी बगल में बैठकर)** उन्हें जलन है कि उनकी जगह नीना इस खेल में अभिनय क्यों कर रही है। इसीलिए वे मुझसे रूठी हुई हैं। इस खेल के ख़िलाफ़ हैं, मेरे नाटक के ख़िलाफ़ हैं। मेरे नाटक को वे जानती तक नहीं हैं लेकिन उससे

नफ़रत करती हैं...।

सोरिन : **(हँसता है)** बहुत अच्छे!

त्रेपलेव : उन्हें इसी बात की तकलीफ़ है कि इस छोटे से स्टेज पर वे नहीं, बल्कि नीना ही 'दिग्विजयी' होने जा रही है। **(घड़ी देखते हुए)** मेरी माँ एक मनोवैज्ञानिक पहेली हैं। बेशक वे बहुत प्रतिभावान् हैं, विदुषी हैं—किसी भी किताब को पढ़कर रोने लगती हैं, निक्रासोव की लाइनें की लाइनें उन्हें ज़बानी याद हैं, देवी की तरह बीमारों की सेवा करती हैं, लेकिन उनके सामने कभी 'दूज़'[1] की तारीफ़ कर देखिए!—ओफ्फ़ोह!—गज़ब हो जाएगा। तारीफ़ अगर आपको किसी की करनी है तो उनकी; अगर किसी के बारे में लिखना है तो उनके; अन्धाधुन्ध उनकी प्रशंसा किए जाइए—'कैमूल्या के साथ एक महिला' या 'जीवन के फेन' में उनके अद्‌भुत अभिनय पर जोश से उछल पड़िए। लेकिन यहाँ गाँव में तो उनको उस तरह का नशा नहीं मिलता न, इसीलिए वह उकताती हैं और झुँझलाती हैं। हम सब तो उनके दुश्मन हैं—सारी बुराई की जड़ तो हम ही हैं। अन्धविश्वासी वे इतनी हैं कि तीन मोमबत्ती जलाने या तेरह की संख्या तक से डरती हैं। रुपये को दाँत से पकड़ती हैं। मुझे पक्की तरह पता है कि ओडेसा के एक बैंक में इनके नाम में सत्तर हज़ार रूबल जमा हैं; लेकिन आप उनसे एक पैसा तो माँग देखिए, फूट-फूटकर रोने लगेंगी।

सोरिन : सिर्फ़ तुम्हारी ख़ामख़याली है कि तुम्हारी माँ को तुम्हारा नाटक पसन्द नहीं है। बस इतनी-सी बात पर इतने बौखला रहे हो? मन को शान्त करो। बहुत ही प्यार करती है तुम्हारी माँ तुम्हें।

त्रेपलेव : **(एक-एक करके एक फूल की पत्तियों का नोंचते हुए)** प्यार करती हैं...जी नहीं, प्यार नहीं करतीं...प्यार करती हैं...नहीं प्यार करतीं... करती हैं...नहीं करतीं...**(हँसता है)** सुनिए, वे मुझे प्यार नहीं करतीं। आप कहेंगे, मुझे ऐसी बात सोचनी नहीं चाहिए। वे खुलकर ज़िन्दगी जीना चाहती हैं, प्यार करना चाहती हैं, सोफ़ियाने रंग के छपे ब्लाउज़, कपड़े पहनना चाहती हैं—और इधर मैं पच्चीस का हो गया हूँ। यानी कि मैं हमेशा उन्हें याद दिलाता रहता हूँ कि वे अब नवयुवती नहीं रहीं। जब मैं यहाँ नहीं होता तो वे बत्तीस की होती हैं, लेकिन मेरे आते ही तैंतालीस की हो जाती हैं! इसीलिए मैं उन्हें फूटी आँख नहीं सुहाता। अच्छा, वे यह खूब जानती हैं कि थियेटर में मेरी कोई आस्था

---

1. दुखान्त अभिनय करने वाली विश्वप्रसिद्ध इटैलियन अभिनेत्री।

नहीं है। उन्हें रंगमंच पसन्द है—वे कल्पना करती हैं कि मानवता के लिए कुछ कर रही हैं—कला की पवित्र आराधना में लगी हैं। जब कि मेरे ख़याल से आजकल के ये रंगमंच परम्पराओं और रूढ़ियों की लकीर पीटने के सिवा कुछ भी नहीं। जब पर्दा उठते ही, तीन दीवारों वाले कमरे की नक़ली रोशनियों में—ये बड़े-बड़े 'प्रतिभाशाली', ये 'महान् कला के सेवक', आपको दिखाते हैं कि कैसे लोग खाते हैं, शराब पीते हैं, चलते-फिरते हैं, कपड़े पहनते हैं; जब बिल्कुल निरर्थक, तुच्छ वाक्यों और दृश्यों से ये लोग अर्थ और उपदेश निचोड़ने की कोशिश करते हैं, ऐसे-ऐसे भोंड़े अर्थ कि हर चलता-फिरता आदमी जिन्हें जानता है; घर-घर रोज़ प्रयोग में आते हैं और जब हज़ारों बार घुमा-फिराकर यही-यही चीज़ें पेश की जाती हैं तो उठकर भाग जाने को मन करता है। शायद इसी सब गन्दग़ी से ऊबकर मोपासाँ 'एफ़िल टावर' छोड़कर भाग खड़ा हुआ था।

सोरिन : मगर रंगमंच के बिना काम भी तो नहीं चलता न।

त्रेपलेव : असल में अब हमें अभिव्यक्ति के नए तरीकों की ज़रूरत है—कोई नया ढंग। अगर वह नहीं मिलता तो अच्छा हो, हम कुछ भी न करें। **(घड़ी देखकर)** मुझे अम्मा से बहुत-बहुत प्यार है; लेकिन वे अपने उसी छिछोरे ढंग से रहना चाहती हैं। हमेशा इस साहित्यकार के साथ चिपकी रहती हैं—हमेशा उनका नाम अखबारों में उछाला जाता है—और यही सब मुझे चुभता है। कभी-कभी एक मानव-सुलभ आत्माभिमान मुझे कचोटने लगता है कि काश, मेरी माँ एक प्रसिद्ध अभिनेत्री न होकर साधारण औरत होती, तो मैं कितना खुश होता। मामा, मुझसे ज़्यादा दुःखी और निराशाजनक स्थिति किसकी होगी? अम्मा से मिलने वाले आते हैं—बड़े-बड़े लोग, लेखक और कलाकार—उन सब बड़े-बड़ों के बीच बस, मैं ही ऐसा होता हूँ जो कुछ भी नहीं होता। मैं चूँकि उनका बेटा हूँ इसलिए मुझे भी सिर्फ़ 'सह' लिया जाता है। और मैं हूँ कौन? हूँ ही क्या? थर्ड-ईयर से मैंने यूनिवर्सिटी छोड़ दी, बकौल सम्पादकों के 'उस कारण से जिसमें हमारा कोई वश नहीं था' कोई प्रतिभा मुझमें नही; एक पैसा पास नहीं। मेरे पासपोर्ट पर लिखा है कि मैं कीव का रहने वाला मध्यमवर्गीय हूँ। आप जानते हैं, मेरे पिताजी भी 'कीव' के रहने वाले मध्यमवर्गीय थे; लेकिन वे भी बहुत बड़े अभिनेता थे। सो जब भी अम्मा की बैठक में ये कलाकार और लेखक लोग दयाभरी दृष्टि से मुझे देखते हैं, तो हमेशा लगता रहता है जैसे मेरी तुच्छता और हीनता नाप रहे हों। मैं उनके विचारों को

पढ़ता हूँ और अपमान की आग से जल उठता हूँ...।

सोरिन : अच्छा छोड़ो। ज़रा एक बात तो बताओ। यह साहित्यिक कैसा आदमी है? इसका कुछ पता ही नहीं चलता। कभी कुछ बोलता ही नहीं।

त्रेपलेव : बड़ा विद्वान्, बहुत खुश-मिजाज़ और कुछ अनमना-सा। आदमी बहुत ही अच्छा है। अभी मुश्किल से चालीस का भी नहीं होगा; लेकिन खूब प्रसिद्ध हो चुका है। जीवन में इसने काफ़ी देखा-सहा है। जहाँ तक लिखने की बात है...क्या कहना चाहिए...? उसके लिखने में कला है, आकर्षण है लेकिन...ज़ोला और तोल्सतोय पढ़ चुकने के बाद त्रिगोरिन को पढ़ने को मन नहीं करता...।

सोरिन : अच्छा है। बेटा, मुझे लेखक लोग पसन्द हैं। कभी वक्त था जब मेरे मन में सिर्फ़ दो ही प्रबल इच्छाएँ थीं: एक तो मैं शादी करना चाहता था, दूसरे लेखक होना चाहता था। लेकिन हो दोनों में से एक भी नहीं पाया। सचमुच छोटा-मोटा लेखक होना भी बहुत बड़ी बात है।

त्रेपलेव : **(सुनते हुए)** किसी के पैरों की आवाज सुनाई दे रही है...**(मामा को बाँहों में भरकर)** अम्मा के बिना मुझसे बिल्कुल नहीं रहा जाता...उनकी पगध्वनि तक कैसी प्यारी है...मैं बहुत-बहुत खुश हूँ...**(नीना ज़रेश्न्या के प्रवेश के साथ ही उससे मिलने लपकता है)**...मेरी मोहनी...मेरी स्वप्न...।

नीना : **(घबराकर)** मुझे देर तो नहीं हो गई?...निश्चय ही अभी देर नहीं हुई।

त्रेपलेव : **(उसके हाथ चूमकर)**...ना...ना...ना...।

नीना : दिन-भर बड़ी बेचैनी रही। मैं तो ऐसी डर गई थी कि बस,...डर यही था कि पिताजी कोई अड़ंगा न लगा दें...लेकिन वे सौतेली माँ के साथ अभी कहीं निकले हैं। आसमान पर लाली छाई थी...चाँद निकलने लगा था और मैं घोड़ा दौड़ाए चली आ रही थी **(हँसती है)** लेकिन अब सचमुच मैं खुश हूँ। **(जोश से सोरिन से हाथ मिलाती है)**

सोरिन : **(हँसते हुए)** तुम्हारी आँखों से तो लगता है जैसे रोती रही हो। छिः छिः—यह तो अच्छी बात नहीं है।

नीना : उँह, कुछ भी तो नहीं...देखिए न, कैसी हाँफ रही हूँ। आधे घंटे में ही मुझे लौटना है। ज़रा जल्दी कीजिए। मैं ज़्यादा देर नहीं ठहर सकूँगी। भगवान के लिए, मुझे देर मत कराइए, पिताजी को मालूम नहीं कि मैं यहाँ हूँ।

त्रेपलेव : शुरू करने का समय तो हो ही गया, जाकर औरों को बुला लाएँ।

सोरिन : मैं जा रहा हूँ **(गाता हुआ दाहिनी ओर चला जाता है : "चले दो सिपहिया..." फिर चारों ओर देखता है)** एक बार जब मैं ऐसे ही गा

रहा था तो एक सरपंच बोला—"सरकार, आपकी आवाज तो बड़ी अच्छी है।" फिर कुछ देर सोचकर उसने यह और बढ़ा दिया था—"बस, ज़रा सुरीली नहीं है।" **(चारों ओर देखता है)**

नीना : पिताजी और उनकी वह महारानी साहिबा मुझे आने ही नहीं देते थे। कहते हैं, यह जगह ज़रा 'महान्' लोगों की है...। वे डरते हैं, मैं अभिनय न करने लगूँ...लेकिन मेरा मन तो हंसनी की तरह इस झील में डुबकियाँ लगाने को कर रहा है...मेरे दिल में तो तुम समाए हो...**(चारों ओर देखती है)**

त्रेपलेव : हम लोग अकेले ही हैं न?

नीना : लगता है, वहाँ कोई है।

त्रेपलेव : कोई भी तो नहीं है।

[एक-दूसरे को चूमते हैं।]

नीना : यह पेड़ कौन-सा है?

त्रेपलेव : साल का है।

नीना : चारों ओर इतना अँधेरा क्यों हो गया?

त्रेपलेव : साँझ का वक्त है न। चारों ओर अँधेरा छा रहा है। सुनो, मेरा कहना मानो—जल्दी मत जाना।

नीना : जाना तो है ही।

त्रेपलेव : अच्छा नीना, अगर मैं भी तुम्हारे साथ चलूँ तो ? तुम्हारी खिड़की को देखते हुए रात-भर बग़ीचे में खड़ा रहूँगा।

नीना : तुम खड़े रह ही नहीं सकते। चौकीदार देख लेगा। कुत्ता ट्रेसर भी तुम्हें नहीं पहचानता, वह भी भौंकेगा।

त्रेपलेव : मैं तुम्हें प्यार करता हूँ।

नीना : चुप...।

त्रेपलेव : **(किसी के पैरों की आवाज़ सुनकर)** कौन है? याकोव तुम हो क्या?

याकोव : **(नेपथ्य से)** हाँ सरकार।

त्रेपलेव : अच्छा, अपनी-अपनी जगह पहुँच जाओ। खेल शुरू करने का समय हो गया है। देखना, चाँद निकल आया है क्या?

याकोव : जी हाँ, सरकार।

त्रेपलेव : मैथिलेटेड स्प्रिट है न तुम्हारे पास? गन्धक भी होगी न? जब लाल-लाल आँखें दिखाई दें तभी गन्धक की गन्ध होनी चाहिए। **(नीना से)** तुम जाओ। सब तैयार है। घबरा तो नहीं रहीं?

नीना : हाँ, घबराहट तो बुरी तरह हो रही है। तुम्हारी माँ की तो कोई बात नहीं, उनसे मैं नहीं डरती; लेकिन त्रिगोरिन...उनके सामने अभिनय

करने में बड़ी झिझक और शर्म लगती है...इतने बड़े लेखक हैं? नौजवान हैं क्या?

त्रेपलेव : हाँ !

नीना : कितनी ऊँचे दर्जे की होती हैं उनकी कहानियाँ !

त्रेपलेव : **(निर्जीव स्वर से)** मुझे नहीं मालूम। मैंने नहीं पढ़ीं।

नीना : तुम्हारे नाटक में अभिनय करना बड़ा मुश्किल है। उसमें कोई जीता-जागता पात्र ही नहीं है।

त्रेपलेव : जीते-जागते सजीव पात्र ? जीवन जैसा है या उसे जैसा होना चाहिए, उसका वैसा ही चित्रण तो हमें नहीं कर देना है। बल्कि जो हम सपनों में देखते हैं—हमें वह दिखाना है।

नीना : घटनाएँ भी तो नहीं हैं तुम्हारे खेल में; भाषण ही भाषण हैं बस। फिर मेरा विचार है कि नाटक में प्रेम भी होना जरूरी है।

[दोनों स्टेज के पीछे की ओर चले जाते हैं।]

[पोलिना अन्द्रेव्ना और दोर्न का प्रवेश।]

पोलिना : यहाँ ओस पड़ रही है, जाकर अपने पाँव-बन्द पहन आओ।

दोर्न : मुझे तो गर्मी लग रही है।

पोलिना : सच, तुम अपनी ज़रा भी फ़िक्र नहीं करते। बहुत जिद्दी हो, खुद डॉक्टर हो। जानते हो कि यह सीली हवा तुम्हारे लिए अच्छी नहीं है। तुम्हें तो बस मुझे सताना है। कल शाम को जानबूझकर तुम बाहर बरामदे में बैठे रहे थे।

दोर्न : **(गुनगुनाता है)** "मत कहो जवानी गई बीत...।"

पोलिना : तुम इरीना निकोलायेव्ना से बातों में ही ऐसे मगन थे कि ठंड का कोई ध्यान ही नहीं था...। अब तो मान लो, तुम उसकी सुन्दरता के पीछे पागल हो।

दोर्न : देखो, मेरी उम्र पचपन साल की है।

पोलिना : बकवास ! पुरुष के लिए यह कोई ज़्यादा उम्र थोड़े ही है। अपनी उम्र के हिसाब से तो तुम काफ़ी जवान दिखाई देते हो, और औरतों के लिए तो अब भी आकर्षक हो...।

दोर्न : अच्छा हूँ तो फिर ? तुम्हें क्या है?

पोलिना : तुम सबके सब पुरुष एक नटनी के तलुए चाटने में लगे हो।

दोर्न : **(गुनगुनाते हुए)** "मैं खड़ा हूँ मुग्ध तेरे सामने फिर"—अगर बनिये, व्यापारियों की अपेक्षा कलाकारों का समाज में अधिक आदर है या उनके साथ दूसरी तरह का व्यवहार होता है तो वह उनके गुण के कारण ही तो। यही तो आदर्श है।

पोलिना : औरतें हमेशा तुम्हें प्यार करती रहीं, अपने को तुम पर निछावर करती रहीं—यह भी आदर्श है?

दोर्न : **(कन्धे उचकाकर)** हाँ, यह बात तो है। मेरे प्रति औरतों का व्यवहार ज्यादातर स्निग्धतापूर्ण ही रहा है। लेकिन मुझमें ख़ासतौर से जो चीज वे प्यार करती थीं वह है एक कुशल डॉक्टर। तुम्हें याद है, दस-पन्द्रह साल पहले पूरे ज़िले में मैं ही प्रसव कराने में सबसे कुशल डॉक्टर था। मैं तो तब भी हमेशा ही ईमान का पक्का रहा।

पोलिना : **(उसका हाथ पकड़कर)** प्रियतम!

दोर्न : चुप-चुप...लोग आ रहे हैं।

[सोरिन की बाँह में बाँह डाले हुए आर्कदीना, त्रिगोरिन, शार्मयेव, मैद्वीद्वेंको और माशा का प्रवेश।]

शार्मयेव : सन् 1873 में पोल्तावा के मेले पर इन्होंने क्या कमाल का अभिनय किया था। बस, मज़ा आ गया। उस दिन तो इनका अभिनय ग़ज़ब का था। **(आर्कदीना से)** अच्छा हाँ, वह मज़ाकिया एक्टर पावेल सिम्योनिच चादिन आजकल है कहाँ? उसने रासिप्लीयेव का पार्ट तो सादोव्स्की से भी कितना अच्छा किया था। सच कहता हूँ, उसकी कोई नक़ल भी नहीं कर सकता। आजकल है कहाँ वह?

आर्कदीना : तुम मुझसे हमेशा गड़े मुर्दों के बारे में ही पूछते रहते हो। मुझे क्या मालूम, कहाँ है? **(बैठ जाती है)**

शार्मयेव : **(गहरी साँस लेकर)** पाश्वना चादिन। वैसे एक्टर अब हैं कहाँ? इरीना निकोलायेव्ना, रंगमंच तो अब रसातल में चला गया है। पुराने ज़माने में कैसे-कैसे कद्दावर पेड़ थे—अब तो ठूँठों के सिवा कुछ दीखता ही नहीं।

दोर्न : यह तो सच बात है कि आजकल प्रतिभाशाली एक्टर कम हैं, फिर भी अभिनय का सामान्य स्तर पहले से बहुत ऊँचा है—यह मानना पड़ेगा।

शार्मयेव : मैं आपकी बात से सहमत नहीं हूँ। बहरहाल यह तो अपनी-अपनी रुचि की बात है। क्यों इस पर बेकार खींचतान की जाए।

[त्रेपलेव उस स्टेज के पीछे से आता है।]

आर्कदीना : **(बेटे से)** बेटा, कब शुरू हो रहा है?

त्रेपलेव : बस एक मिनट, ज़रा-सा धीरज रख लो।

आर्कदीना : **('हैमलेट' में से बोलती है)** "ओः हैमलेट, अब और मत बोल, तू मेरी निगाहों को मेरी अपनी ही आत्मा में, उसे बेधने के लिए मोड़े दे रहा है, और अपनी उस आत्मा में मुझे ऐसे काले-काले दाग़ और धब्बे

दिखाई दे रहे हैं जिनकी छाप शायद कभी नहीं मिटेगी।''

त्रेपलेव : **(हैमलेट से ही)** ''अपने दिल को ऐंठ लेने दो मुझे, ताकि मैं देखूँ कि क्या सचमुच ही वह किसी कोमल तत्त्व का बना है।''

[उस स्टेज के पीछे से एक तुरही बजती है।]

त्रेपलेव : देवियो और सज्जनो, अब हम खेल शुरू कर रहे हैं। मेरी प्रार्थना है कि आप ध्यान से देखें, **(रुककर)** अब मैं शुरू करता हूँ, **(छड़ी से ठोककर ज़ोर से बोलना शुरू करता है)** हे रात के समय इस झील पर मँडराने वाली पुराने देवताओं की छायाओ, हमें लोरियाँ सुनाओ कि हम सो जाएँ और आज से दो लाख साल का समय पार करके सपने में जागें...।

सोरिन : दो लाख साल बाद तो कुछ होगा ही नहीं।

त्रेपलेव : तो उस 'कुछ नहीं' को ही इन लोगों को दिखाने दीजिए।

आर्कदीना : अच्छी बात है, देखें। हम लोग सोये जाते हैं।

[पर्दा उठता है। झील का दृश्य खुलता है। चाँद क्षितिज से उठ चुका है। उसकी परछाईं पानी पर झिलमिला रही है। ऊपर से नीचे तक सफ़ेद कपड़े पहने नीना ज़रेश्न्या एक बड़े से पत्थर पर बैठी है।]

नीना : आदमी, शेर, चीलें और तीतर—बारहसिंघे, बत्तखें, मकड़े, पानी में चुप-चुप तैरने वाली मछलियाँ, तारों जैसी मछलियाँ, आँखों से न दिखाई देने वाले छोटे-छोटे कीड़े-मकोड़े—सारे प्राणी, सारे जीव, सारे चेतन, अपने दुःखों का चक्र पूरा करके समाप्त हो चुके हैं,...हज़ारों साल से धरती ने किसी जीवित प्राणी को अपनी गोद में जन्म नहीं दिया...और यह बेचारा चाँद अपने प्रकाश-दीप को जलाए रखने का उद्देश्य भूल चुका है। घास के मैदानों में अब बगुले चीख मारकर चौंकते हुए जाग नहीं पड़ते...और नीबू के पेड़ों पर भौंरों की भनभनाहट गूँजनी बन्द हो गई है। सब कुछ शान्त...जड़...शीतस्तब्ध...! शून्य... सुनसान...सन्नाटा!...भीषण...भयानक...आतंकोत्पादक! **(रुककर)** जीवित प्राणियों के शरीर धूल में मिलकर न जाने कबके खो चुके हैं और उस मूल तत्त्व ने सभी को चट्टानों, पानी और बादलों के रूप में बदल दिया है—सिर्फ़ उनकी आत्माएँ एक-दूसरे में घुलकर समा गई हैं—और मैं ही वह विश्वात्मा हूँ...। मैं...महान् सिकन्दर की आत्मा मेरे भीतर है... सीज़र, शेक्सपियर और नेपोलियन की आत्माएँ भी मुझमें समाई हुई हैं...छोटी-से-छोटी जोंक तक की आत्मा भी मुझमें है...मेरे भीतर ही मानव के प्राण और अन्य जीवों की आत्माएँ घुल-मिलकर एकाकार

हो गई हैं...मुझे सब...सब...सब कुछ याद है और हर छोटे- से-छोटा जीवन मेरे भीतर पुनर्जीवित हो उठा है...।

[सन्नाटे की आत्मा का प्रवेश।]

आर्कदीना : **(धीरे से)** यह तो कुछ 'पतनशील लोगों' जैसी बातें हैं!

त्रेपलेव : **(झिड़कते प्रार्थना के स्वर में)** अम्मा!

नीना : मैं बिल्कुल एकाकी हूँ। दो सौ साल में एक बार बोलने के लिए मेरे होंठ फड़कते हैं! और मेरी आवाज़ शून्य में बिलखती-सी भटकती रहती है! उसे सुनने वाला कोई नहीं है। ओ, मुर्दा छायाओ, तुम भी तो उसे नहीं सुन पातीं...दिन की रोशनी फूटने से पहले पथराई दलदल तुम्हें जन्म देती है और पौ फटने तक तुम इधर से उधर भटकती रहती हो—भावहीन, इच्छा-रहित और जीवन के स्पन्दनों से दूर! शाश्वत-भूतों का स्वामी 'पाप' खुद डरता है कि कहीं तुममें फिर से जीवन न जाग उठे। वह चट्टानों के रूप में, बहते पानी के रूप में, अणुओं को तुम्हारे भीतर भी उँडेलता रहता है और तुम हमेशा...अनवरत रूप से बदलती रहती हो...क्योंकि उस अखिल ब्रह्मांड में आत्मा को छोड़कर कुछ भी स्थायी और नित्य नहीं है।

(कुछ रुककर)...अन्धे कुएँ में पड़े क़ैदी की तरह मुझे नहीं मालूम, मैं कहाँ हूँ और आगे यहाँ क्या होने वाला है। मैं इसके सिवा और कुछ नहीं जानती कि मुझे 'पाप' से लड़ना है। भौतिक शक्तियों के स्वामी 'पाप' के साथ होने वाले इस क्रूर और निरन्तर संघर्ष में अन्तिम विजय मेरी ही होगी! उसके बाद जड़ और चेतन मधुर संगीत की तरह एकात्म और एकलय हो जाएँगे...तब धरती पर विश्वेच्छा का अवतरण होगा...लेकिन यह सब धीरे-धीरे होगा...लम्बे-लम्बे हज़ारों सालों के बाद...जब चाँद...लुब्धक तारा...धरती...सभी कुछ ज़र्रे-ज़र्रे में बिखर जाएँगे...तब यह महाभयानक...आतंक...**(चुप्पी। दो लाल-लाल चमकदार धब्बे झील की पृष्ठभूमि में उभरते हैं)** अब मेरा भयानक शत्रु 'पाप' आ रहा है...मुझे उसकी लाल-लाल चमकती भयंकर आँखें दीख रही हैं...।

आर्कदीना : गन्धक की बदबू-सी आ रही है। क्या उसकी भी जरूरत थी?

त्रेपलेव : जी हाँ!

आर्कदीना : **(हँसकर)** अच्छा तो यह रंगमंच का प्रभाव पैदा करने के लिए है।

त्रेपलेव : अम्मा!

नीना : बिना मनुष्य के अस्तित्व के 'पाप' अपने आपसे उकता चुका है।

पोलिना : **(दोर्न से)** तुमने अपना टोप उतार लिया है। पहन लो न, ठंड लग

जाएगी...।

आर्कदीना : डॉक्टर साहब ने शाश्वत-भूतों के स्वामी 'पाप' के स्वागत में टोप उतार लिया है!

त्रेपलेव : **(भड़ककर चीख़ते हुए)** बस! बहुत तो चुका! खेल ख़त्म किया जाता है! पर्दा गिराओ!

आर्कदीना : इतना नाराज़ होने की क्या बात है?

त्रेपलेव : बस, बस, बहुत हो चुका! पर्दा गिरा दो! आने दो पर्दे को नीचे **(पैर पटककर)** पर्दा। **(पर्दा गिरता है)** माफ़ कीजिए भाइयों, मैं इस बात को बिल्कुल ही भूल गया कि सिर्फ़ कुछ चुने हुए लोग ही नाटक लिख सकते हैं, और कुछ चुने हुए ही अभिनय कर सकते हैं! मैंने उनकी बपौती को हथियाने की कोशिश की...मैं...मैं...।

[कुछ और कहने की कोशिश करता है; लेकिन सिर्फ़ हाथों को झटककर बाईं ओर चला जाता है।]

आर्कदीना : इसे हो क्या गया?

सोरिन : इरीना बहन, तुम्हें बच्चों के आत्मसम्मान का भी ध्यान रखना चाहिए।

आर्कदीना : मैंने उसे कहा क्या था?

सोरिन : तुमने उसकी भावनाओं को चोट पहुँचाई है।

आर्कदीना : उसने तो मुझसे पहले ही कहा था कि यह प्रहसन है, इसलिए मैंने उसके खेल को प्रहसन ही समझा।

सोरिन : फिर भी...।

आर्कदीना : अच्छा तो अब पता लगा कि उसने एक महान् कृति को जन्म दिया है! यह सारा नाटक, मनोरंजन के लिए नहीं रचा गया...हमारे चारों ओर यह गन्धक की बदबू परिहास के लिए नहीं; बल्कि हमें मंच का प्रभाव दिखाने के लिए फैलाई गई है! हमें वह लिखना और अभिनय करना सिखाना चाहता था। यह ज़्यादती है। तुम कुछ कहो दादा, लेकिन मुझे लेकर हमेशा यह खिल्ली उड़ाना, हमेशा यह तानाकाशी—इससे किसी का भी धीरज टूट सकता है। यह लड़का बड़ा ही घमंडी और सनकी है।

सोरिन : उसने तो तुम्हारा मन ही बहलाना चाहा था।

आर्कदीना : सचमुच? फिर उसने कोई साधारण-सा नाटक क्यों नहीं चुना...? क्यों हमें 'पतनशील' लोगों की, पागलपने की बकबास सुनवाता रहा? ठीक है, मज़ाक के लिए मैं बकवास भी सुनने को तैयार हूँ, लेकिन नाम तो हम 'कला का नया दृष्टिकोण', 'नए कलारूप' जैसे देते हैं। मेरे ख़याल से 'नए कलारूपों' से तो इसका कोई सम्बन्ध है नहीं—उल्टे

विकृत मानसिक स्थिति की नुमाइश है।

त्रिगोरिन : हर आदमी अपनी पसन्द और सामर्थ्य के अनुसार ही तो लिख पाता है।

आर्कदीना : अरे, उसका जो मन हो और जो वह लिख सके सो लिखे—बस मुझे शान्ति से रहने दे।

दोर्न : जुपीटर[1] साहब तो नाराज़ हो गए।

आर्कदीना : जुपीटर नहीं, मैं औरत हूँ **(सिगरेट जलाती है)** नाराज़ मैं नहीं हूँ; फिर भी झुँझलाने की बात तो है ही कि एक नौजवान इस बुरी तरह अपना वक्त बरबाद करे। मैं उसकी भावनाओं को चोट पहुँचाना नहीं चाहती थी...।

मैद्वीदैंको : यह समझते हुए भी कि चेतना भौतिक अणुओं के मिश्रण से ही बनी है, जड़ को चेतन से अलग कर डालने का किसी को कोई अधिकार नहीं है। **(जोश में त्रिगोरिन से)** लेकिन देखिए, किसी को इस विषय पर नाटक लिखकर अभिनय करना चाहिए कि हम बेचारे अध्यापक कैसे जीते हैं? हम लोगों की ज़िन्दगी बड़ी कठोर है।

आर्कदीना : यह सब तो ठीक है। फिर भी क्यों न हम नाटकों और अणुओं के अलावा किसी और विषय पर बात करें? कैसी सुहावनी सन्ध्या है! आप लोग सुनते हैं न, कोई गा रहा है **(सुनती है)** कैसा सुरीला स्वर है!

पोलिना : गीत झील के उस पार से आ रहा है।

[चुप्पी]

आर्कदीना : **(त्रिगोरिन से)** यहाँ बैठो, मेरे पास। दस-पन्द्रह साल पहले इस झील पर रोज़ ही रात को संगीत और गाने के स्वर लहराया करते थे! झील के किनारों पर छः झोंपड़ियाँ हैं। मुझे याद है : यहाँ हर समय हँसी, कोलाहल, क़हक़हे, किलकारियाँ और प्रेम के क़िस्से ही छाये रहते थे और उन छहों घरानों के आराध्य कृष्ण-कन्हैया हमारे मित्र **(दोर्न की ओर इशारा करके)** डॉ. येव्गेनी सर्जीएविच ही थे। मनमोहन तो यह अब भी हैं, लेकिन उन दिनों की तो कुछ पूछिए ही मत। पर मेरी आत्मा मुझे अब कोंच रही है। बेचारे बच्चे की भावनाओं को मैंने ठेस क्यों पहुँचाई...? मुझे बड़ी चिन्ता हो रही है **(पुकारती है)** कोस्त्या, बेटा कोस्त्या!

माशा : मैं जाकर देखती हूँ, कहाँ है।

---

1. रोम का सर्वश्रेष्ठ देवता : इन्द्र।

आर्कदीना : ज़रा चली जाना बेटी।

माशा : **(बाईं ओर जाते हुए)** अरे ओऽ कोन्स्तान्तिन गाव्रिलिच! ओऽऽऽ **(चली जाती है)**

नीना : **(उस स्टेज के पीछे से आते हुए)** अब खेल तो होना नहीं है, इसलिए मैं निकल जाती हूँ। नमस्कार!

[अभिवादन के लिए आर्कदीना और पोलिना के हाथ चूमती है।]

सोरिन : शाबाश! शाबाश!

आर्कदीना : शाबाश! हमें तुम्हारा अभिनय बहुत ही पसन्द आया। ऐसा सौन्दर्य, ऐसा मधुर स्वर। तुम कहाँ गाँव में पड़ी हो? यह ग़लती है। प्रतिभा तो तुममें है ही। सुन रही हो? तुम्हें रंगमंच को अपना लेना चाहिए...।

नीना : हाय, यही तो मेरा भी एकमात्र स्वप्न है! **(सोच्छ्वास)** लेकिन यह कभी सच नहीं होगा।

आर्कदीना : कौन कह सकता है ! अच्छा आओ, तुम्हारा परिचय करा दूँ। आप हैं बोरिस अलेक्सीविच त्रिगोरिन!

नीना : सचमुच, मुझे बड़ी खुशी हुई **(एकदम विह्वल-सी होकर)** मैं हमेशा आपकी चीज़ें पढ़ती हूँ।

आर्कदीना : **(उसे अपने पास बैठाते हुए)** बिटिया, शरमाओ मत। ये बहुत बड़े आदमी हैं, लेकिन बड़े ही सीधे और सरल हृदय। देखो न, ये तो खुद ही झेंप रहे हैं।

दोर्न : मेरा ख़याल है, अब पर्दे को हटा ही दिया जाए। बड़ी घुटन है।

शार्मयेव : **(पुकारता है)** याकोव, पर्दा उठा देना, भैया!

त्रिगोरिन : समझ में तो मेरी ज़रा भी नहीं आया, लेकिन अच्छा बहुत लगा! तुमने बहुत ही सधा अभिनय किया। दृश्यावली भी बहुत ही सुन्दर थी। **(थोड़ी देर चुप रहकर)** इस झील में तो मछलियाँ भी बहुत होंगी...।

नीना : जी हाँ।

त्रिगोरिन : मुझे मछलियाँ पकड़ने का बड़ा शौक़ है। सन्ध्या को नदी के किनारे बैठकर धारा के बहाव को ताकते रहने से अधिक आनन्द मुझे किसी में नहीं आता।

नीना : लेकिन मैं सोचती हूँ जिसने एक बार रचना करने का आनन्द जान लिया है उसके लिए तो कोई दूसरा आनन्द है ही नहीं...।

आर्कदीना : **(हँसकर)** यों मत कहो। जब लोग इनसे प्रशंसा भरी वाणी में अच्छी-अच्छी बातें करते हैं तो ये बेचारे चित आ जाते हैं।

शार्मयेव : मुझे याद है, मॉस्को आर्ट थियेटर में एक बार प्रसिद्ध गायिका सिल्वा

ने पंचम का 'सा' उठाया। मज़ा देखिए, वहीं गैलरी में हमारे चर्च की संगीत-मंडली का पंचम स्वर गाने वाला भी बैठा था। आप हमारे आश्चर्य का अन्दाज़ा लगाइए जब हमने अचानक गैलरी से सुना—'शाबाश सिल्वा' पूरे-के-पूरे सातों स्वरों का सरगम एक ही सुर में **(गला भींचकर पंचम स्वर में)** 'शाबाश सिल्वा'। सारे दर्शक स्तब्ध रह गए...।

[कुछ देर चुप्पी]

दोर्न : लगता है, सन्नाटे की आत्मा हमारे ऊपर भी छा गई है।

नीना : अब मेरे जाने का समय हो गया है। अच्छा नमस्कार!

आर्कदीना : अरे चल कहाँ दीं? इतनी जल्दी कैसे? भई हम तो नहीं जाने देंगे।

नीना : पिता जी राह देख रहे होंगे...।

आर्कदीना : सचमुच कैसे व्यक्ति हैं...**(उसका चुम्बन लेकर)** खैर, तब तो कोई सवाल ही नहीं। अफ़सोस, तुम्हें जाने देना मुझे अच्छा नहीं लग रहा...।

नीना : आप मानिए, जाते हुए मुझे भी बुरा लग रहा है।

आर्कदीना : मुन्नी, किसी को तुम्हारे साथ घर तक पहुँचाने भेज दें...।

नीना : अरे नहीं...नहीं...।

सोरिन : **(नीना से ख़ुशामद के स्वर में)** रुक ही जाओ न?

नीना : प्योत्र निकोलायेविच, मैं रुक नहीं सकती।

सोरिन : एक घंटा और रुक जाओ। इसमें क्या बात है?

नीना : **(एक मिनट सोचकर आँखों में आँसू भरे हुए)** मैं रुक नहीं सकती।

[हाथ मिलाती है और तेज़ी से चली जाती है।]

आर्कदीना : सचमुच बड़ी अभागी लड़की है बेचारी। लोग कहते हैं, इसकी माँ ने अपनी सारी जायदाद इसके बाप के नाम कर दी थी—एक-एक पाई। लड़की को एक फूटी कौड़ी भी नहीं मिली। अब बाप ने सब कुछ दूसरी बीवी के नाम कर दिया है। बदक़िस्मती...।

दोर्न : हाँ, इसका बुद्धू-सा बाप बड़ा पाजी आदमी है। उसे गाली देना ही उसका सबसे बड़ा सत्कार है।

सोरिन : **(अपने ठिठुरे हुए हाथ मलते हुए)** अब चला जाए। ठंड हो रही है। मेरे पैरों में दर्द होने लगा है।

शार्मयेव : एकदम अकड़कर लकड़ी जैसे हो गए हैं। तुमसे चला थोड़े ही जाएगा। आओ, दादा, चलें।

[बाँह थामती है।]

शार्मयेव : **(अपनी पत्नी की ओर बाँह बढ़ाकर)** श्रीमती जी...।

सोरिन : मुझे लगता है कुत्ता फिर भौंक रहा है **(शार्मयेव से)** इल्या अफ़नस्येसिच, ज़रा मेहरबानी करके उसकी जंजीर खोलने को तो बोल दो...।

शार्मयेव : यह तो नहीं हो सकता प्योत्र निकोलायेविच, कहीं खलिहान में चोर-वोर घुस जाएँ तो? **(अपने साथ चलते मेद्वीद्वैंको से)** हाँ, तो उसने सरगम के सातों स्वर एक ही साथ सुना डाले 'शाबाश सिल्वा!' खुद वह कोई अच्छा गायक नहीं था—बस चर्च की संगीत-मंडली का एक मामूली-सा आदमी था...।

मेद्वीद्वैंको : संगीत-मंडली के आदमी को कितना मिलता होगा महीने में?

[दोर्न के सिवा सब चले जाते हैं।]

दोर्न : **(स्वगत)** पता नहीं...शायद मैं समझ ही न पाया होऊँ या हो सकता है मेरा दिमाग़ ही साथ न दे रहा हो। बहरहाल, नाटक मुझे तो पसन्द आया...उसमें था कुछ! जब वह लड़की सन्नाटे और एकान्त के बारे में बोल रही थी और जब 'पाप' की आँखें दिखाई दे रही थीं तब मैं तो ऐसे भावावेश में आ गया कि हाथ काँपने लगे थे...। एकदम मौलिक...सीधा-सादा ढंग...मुझे लगता है वह आ रहा है...जितना मुझसे होगा उसकी तारीफ़ करूँगा...।

त्रेपलेव : **(प्रवेश करते हुए)** सब लोग चले गए...।

दोर्न : मैं हूँ!

त्रेपलेव : माशेंका मुझे बाग़ में खोजती फिर रही है। बड़ी दुष्ट है।

दोर्न : कोन्स्तान्तिन गाव्रिलिच, मुझे तो तुम्हारा खेल बहुत ही पसन्द आया। एकदम अद्‍भुत चीज़ थी। हालाँकि, मैंने उसका अन्त नहीं सुना, लेकिन इतने का ही मेरे ऊपर ऐसा गहरा असर पड़ा है कि...तुम प्रतिभाशाली आदमी हो...लगे रहो!

[त्रेपलेप आवेश में उसका हाथ दबाता है और अचानक बाँहों में भर लेता है।]

दोर्न : छिः कैसे पागल आदमी हो। रोने लगे। मेरा मतलब यह थोड़े ही था। तुमने अपना विषय निराकार भावों की दुनिया से लिया है, और होना भी यही चाहिए। किसी भी महान् कलाकृति का कोई-न-कोई सन्देश होना चाहिए। कृति की श्रेष्ठता के लिए उसमें गम्भीरता होनी चाहिए। क्यों, ऐसे सुस्त क्यों हो रहे हो?

त्रेपलेव : तो आपकी यह सलाह है कि मैं लगा रहूँ?

दोर्न : हाँ...हाँ! मगर बस लिखो महत्त्वपूर्ण और स्थायी चीज़ें ही। जानते हो, मेरे पास जीवन के रंगारंग अनुभव हैं और मैंने सभी का आनन्द लिया है। अब मन में कोई साध नहीं है। फिर भी अगर कहीं उस आध्यात्मिक ऊँचाई तक पहुँच पाना मेरे भाग्य में होता, जिसे कलाकार रचना करते समय छू लेता है, तो मेरा विश्वास है कि मैं ज़रूर ही इस

शारीरिक अस्तित्व और उसके साथ लगे दुनिया-भर के पुछल्लों से घृणा करने लगता—इन सारे सांसारिक झंझटों से जितना बन पड़ता, पीछा छुड़ा लेता।

त्रेपलेव : माफ़ कीजिए, बीच में एक बात—इस वक्त नीना कहाँ होगी...?

दोर्न : एक बात और भी...। हर कलाकृति में एक साफ़-सुथरा निश्चित विचार होना चाहिए। आपके लिखने का उद्देश्य क्या है, यह आपको साफ़ पता हो। क्योंकि अगर आप बिना किसी निश्चित लक्ष्य के इस रंग-बिरंगे रास्ते पर...जिधर मन हुआ...चलते चले गए...तो भटक जाएँगे और आपकी प्रतिभा आपको ले डूबेगी।

त्रेपलेव : **(अधीरता से)** नीना कहाँ है?

दोर्न : वह तो चली गई घर।

त्रेपलेव : **(हताश-सा)** अब क्या करूँ...मैं तो उससे मिलना चाहता हूँ...मुझे उससे मिलना ही है...मैं ज़रूर जाऊँगा।

[माशा का प्रवेश]

दोर्न : **(त्रेपलेव से)** बेटा, ज़रा धीरज रखो।

त्रेपलेव : कुछ भी हो...मुझे जाना ही है...।

माशा : भीतर चलो कोन्स्तान्तिन गाव्रिलिच, अम्मा ने बुलाया है। वे बड़ी परेशान हैं...।

त्रेपलेव : उनसे कह दो, मैं चला गया...और मैं तुमसे...तुमसे प्रार्थना करता हूँ, मुझे तंग मत करो...मेरी जान छोड़ दो, मेरे पीछे मत पड़ो...।

दोर्न : चलो...चलो...आओ बेटा, तुम्हें ऐसा नहीं करना चाहिए...यह अच्छी बात नहीं है...।

त्रेपलेव : **(गीले स्वर में)** नमस्कार डॉक्टर साहब...शुक्रिया...।

[चला जाता है।]

दोर्न : **(गहरी साँस लेकर)** नौजवान लोग हैं, अपने मन की ही करेंगे।

माशा : लोगों के पास जब कुछ और कहने को नहीं होता तो कहते हैं 'नौजवान लोग हैं, नौजवान लोग हैं!'

[चुटकी भरकर सुँघनी चढ़ाती है।]

दोर्न : **(उसकी सुँघनी की डिबिया झाड़ी में फेंकते हुए)** यह क्या बदतमीज़ी है। **(कुछ देर चुप रहकर)** लगता है, भीतर वे लोग पियानो बजा रहे हैं। आओ भीतर ही चलें।

माशा : ज़रा रुकिए न।

दोर्न : क्या बात है?

माशा : मैं कब से आपसे कह रही हूँ...मेरा आपसे बातें करने को बड़ा मन

कर रहा है...(**आवेश में आते हुए**) बापू से मुझे कोई ख़ास लगाव नहीं है, लेकिन आपके लिए मन में बड़ी श्रद्धा है। पता नहीं कैसे यह मेरे दिल में जम गया है कि आप मेरे हृदय के बहुत ही निकट हैं...मुझे बचाइए। या तो बचा लीजिए; वर्ना मैं...मैं अपनी ज़िन्दगी के साथ कोई खिलवाड़ कर डालूँगी—अपना सत्यानाश कर लूँगी...अब मुझसे सहा नहीं जाता...।

दोर्न : यह सब क्या है? किससे बचा लूँ तुम्हें...?

माशा : मैं बड़ी दुःखी हूँ! कोई भी...किसी को भी तो नहीं पता मैं कितनी दुःखी हूँ...(**उसकी छाती पर अपना सिर रखकर धीरे से**) मैं त्रेपलेव से प्यार करती हूँ...।

दोर्न : सब लोगों पर कैसा पागलपन सवार हो गया है—शुद्ध पागलपन, प्यार का कित्ता ढेर लग गया है...। सारा जादू इसी झील का है (**स्निग्ध स्वर में**) लेकिन बिटिया, मैं क्या करूँ? क्या?...क्या?

[**पर्दा गिरता है।**]

अंक : दो

[क्रॉकेट (लकड़ी की गेंद और बल्लों से खेला जाने वाला खेल) खेलने का लॉन। दाईं ओर पृष्ठभूमि में एक बड़े से बरामदे वाले मकान का हिस्सा। बाईं ओर तेज़ धूप में चिलकती झील दिखाई दे रही है। क्यारियाँ फूलों से भरी हैं। समय दोपहर। आर्कदीना, दोर्न और माशा लॉन के एक ओर पुराने से नीबू के पेड़ की छाया में बेंच पर बैठे हैं। दोर्न के घुटनों पर एक किताब खुली रखी है।]

आर्कदीना : **(माशा से)** चलो, अब उठें **(दोनों उठती हैं)** आओ, ज़रा मेरे पास तो आकर खड़ी होना इधर। तुम बाईस साल की हो और मैं तुमसे करीब-करीब दुगुनी हूँ। येव्गेनी सर्जीएविच, देखना, हम दोनों में कौन छोटा दिखाई देता है?

दोर्न : साफ़ है, तुम्हीं तो छोटी लगती हो।

आर्कदीना : वही तो! अच्छा उसका कारण क्या है जानती हो? मैं मेहनत करती हूँ। मुझे हमेशा ऐसा लगता रहता है जैसे कुछ करना है...। तुम तो जब देखो तब बस एक ही जगह बैठी रहती हो। यह भी कोई ज़िन्दगी है तुम्हारी...? मेरा उसूल है : कभी भी भविष्य की चिन्ता मत करो। मैं कभी भी बुढ़ापे और मौत की बातें नहीं सोचती। अरे, जो होना होगा; होगा।

माशा : और मुझे तो हमेशा ऐसा लगता है...न जाने किस युग में मेरा जन्म हुआ था और जैसे ज़िन्दगी की अछोर शृंखला को पीछे घिसटते कपड़े की तरह घसीटे लिए जा रही हूँ...लिए जा रही हूँ...। कभी-कभी तो यों जिए चले जाने से मन बुरी तरह ऊब जाता है--जीने का मन ही नहीं होता। **(बैठ जाती है)** मानती हूँ, ये सब बेकार की बातें हैं, मुझे इन बातों को दिमाग़ से झटक फेंकना चाहिए।

दोर्न : **(धीरे-धीरे गुनगुनाता है)** मेरी कलियो उससे कहना...।

आर्कदीना : मैं अंग्रेजों की तरह नियम-कायदे से रहती हूँ। बेटी, मेरे साथ तो वह कहावत है, अपना नाम अपने हाथ--मैं हमेशा कपड़े-लत्ते ढंग से पहने रहती हूँ--हर वक़्त चोटी-कंघी से लैस। सिर्फ़ ड्रेसिंग गाउन पहने या बाल बिखेरे कभी बग़ीचे तक जाते भी देखा है मुझे? कभी नहीं! मेरे इस तरह बने रहने का भेद ही यह है कि मैं कभी भी गन्दी नहीं

रहती...जैसे और औरतें रह लेती हैं उस तरह मैं तो रह ही नहीं सकती... **(हाथ पीछे कमर पर रखे हुए इधर से इधर टहलती है।)** देखो न मुझे, चिड़िया जैसी फुर्ती भरी है मुझमें। अब भी पन्द्रह साल की लड़की का पार्ट कर लेती हूँ।

दोर्न : अच्छा छोड़ो, अब मैं किताब पढ़ना शुरू करता हूँ **(किताब उठाता है)** हमने अन्न के व्यापारी और चूहों पर पढ़ना छोड़ा था।

आर्कदीना : हाँ, चूहों पर ही थे। आगे पढ़ो **(बैठ जाती है)** अच्छा लाओ, किताब मुझे दो। मैं पढ़ती हूँ। अब मेरा नम्बर है **(किताब लेकर देखते हुए)** हाँ और चूहे...कहाँ हैं? अच्छा यह रहा। **(पढ़ती है)** 'कहने की आवश्यकता नहीं है कि समाज के लोगों का उपन्यासकारों को पालना तथा उन्हें प्रोत्साहन देना ऐसा ही खतरनाक है जैसे गल्ले के व्यापारी का अपने गोदाम के भीतर चूहों को पालना। फिर भी वे उन्हें प्यार करते हैं। ठीक इसी तरह जब एक औरत किसी ऐसे लेखक को चुन लेती हैं जिसे वह अपना गुलाम बनाना चाहती है तो उसकी तारीफ़ों, खुशामदों और उसके प्रति पक्षपात का जाल फेंककर उसके चारों तरफ़ एक घेरा डाल देती है'...ख़ैर, ये बातें फ्राँसीसियों के साथ हों तो हों, हमारे यहाँ यह सब नहीं है। तुम खुद नहीं देखते? यहाँ तो लेखक को गुलाम बनाने की बात सोचने से पहले ही अक्सर औरत खुद उसके प्यार में अन्धी हो चुकी होती है। दूर क्यों जाते हो...त्रिगोरिन और मुझे ही लो...।

[नीना के साथ सोरिन का अपनी छड़ी पर सहारा देकर झुके हुए प्रवेश। उसके पीछे नहाने की कुर्सी धकेलते हुए मैद्वीद्वेंको।]

सोरिन : **(बड़े लाड़ के स्वर में, जैसे किसी बच्चे से कह रहा हो)** अच्छा...! आज तो हम लोग बहुत ही खुश हैं, न? **(बहन से)** आज हमारे माँ-बाप त्वैर चले गए हैं। अब तो हमें पूरे तीन दिन की छुट्टी है।

नीना : **(आर्कदीना के पास बैठते हुए उसे बाँहों में भरकर)** आज सच मैं बहुत खुश हूँ। आज मैंने अपना सारा कार्यक्रम, आपके ऊपर ही छोड़ दिया है।

सोरिन : **(अपने नहाने की कुर्सी पर बैठता है)** आज यह अप्सरा जैसी सुन्दर लग रही है।

आर्कदीना : इसने कपड़े भी आज ढंग से पहन रखे हैं। सच, बड़ी अच्छी लग रही है रानी बेटी **(नीना का चुम्बन लेती है)** लेकिन अब हम ज़्यादा तुम्हारी तारीफ़ नहीं करेंगे—कहीं नज़र न लग-लगा जाए। बोरिस अलेक्सीविच कहाँ हैं?

नीना : वे तो घाट की छतरी में बैठे मछली पकड़ रहे हैं।

आर्कदीना : मुझे यही ताज्जुब है कि उसका मन नहीं उकताता।

[फिर पढ़ना शुरू करना चाहती है।]

नीना : कौन-सी किताब है?

आर्कदीना : मोपासाँ की 'सू ल्या' है बेटी। **(मन-ही-मन कुछ पंक्तियाँ पढ़कर)** छोड़ो, बाक़ी में कोई ख़ास बात नहीं है—सही भी नहीं है। **(किताब बन्द कर देती है)** मेरा तो जी घबरा रहा है। बताओ न, मेरे बेटे को क्या हो गया है? ऐसा मुरझाया और झल्लाया-सा क्यों रहता है? वह झील पर ही सारा-सारा दिन गुज़ार देता है। कभी सामने ही नहीं पड़ता।

माशा : उनका मन बड़ा बेचैन है **(नीना से डरते-डरते)** ज़रा उनके नाटक से ही कुछ सुनाओ न?

नीना : **(कन्धे झटककर)** पसन्द आएगा तुम्हें? बड़ा नीरस नाटक है।

माशा : **(आवेश दबाकर)** जब खुद वे कोई चीज़ पढ़ते हैं तो चेहरा सुर्ख हो जाता है; आँखें चमकने लगती हैं। उनकी आवाज़ में बड़ा दर्द है—भाव-भंगी में कवियों जैसा प्रभाव है।

[सोरिन के ख़र्राटों की आवाज़]

दोर्न : भाई, यहाँ तो रात हो गई।

आर्कदीना : पैत्रूशा!

सोरिन : आँऽऽ?

आर्कदीना : सो रहे हो क्या?

सोरिन : नहीं तो...नहीं तो...।

[चुप्पी]

आर्कदीना : दादा, तुम अपने स्वास्थ्य की ज़रा भी चिन्ता नहीं करते, यह अच्छी बात नहीं है।

सोरिन : दवा तो मैं तब खाऊँ, जब डॉक्टर मुझे कुछ दे।

दोर्न : साठ साल की उम्र में भी दवा...!

सोरिन : क्या हुआ? साठ साल का होकर भी तो आदमी ज़िन्दा रहना चाहता है।

दोर्न : **(परेशान होकर)** अच्छा, अच्छा ठीक है। अर्क-धतूरे की कुछ बूँदें ले लो।

आर्कदीना : मुझे लगता है, किसी गन्धक-वन्धक के सोते में नहाना इन्हें फ़ायदा करेगा।

दोर्न : हाँऽऽ, वहाँ भी जा सकते हैं, शायद जाना न पसन्द करें...।

आर्कदीना : यह आपने कैसे जाना?

दोर्न : जानने की क्या बात? यह तो साफ़ ही है।

[चुप्पी]

मैद्वीदैंको : प्योत्र निकोलायेविच को तम्बाकू पीना छोड़ देना चाहिए।

सोरिन : यह सब बकवास है।

दोर्न : नहीं, बकवास नहीं है। शराब और तम्बाकू आदमी का सारा रंग-ढंग बिगाड़ देते हैं। एक सिगार या एक गिलास वोदका पीने के बाद आप सिर्फ़ प्योत्र निकोलायेविच ही नहीं रह जाते; इसके साथ कुछ और भी हो जाते हैं। आपका 'मैं' बिखर जाता है, आप अपने आपको यों समझने लगते हैं, जैसे वह कोई दूसरा हो।

सोरिन : **(हँसकर)** बहस तो बड़ी अच्छी कर लेते हो। तुमने तो ज़िन्दगी के खूब मज़े लिए हैं। मैंने अट्ठाईस साल कानून के महकमे में काम किया, मगर आज तक ज़िन्दगी ही नहीं देखी। सच पूछो तो, न मैं कुछ कर पाया, न कुछ देख ही सका। इसलिए स्वाभाविक है कि मैं और ज़िन्दा रहना चाहता हूँ। तुम्हारे पास काफ़ी है। चिन्ता तुम्हें कुछ है नहीं, इसीलिए तुम दार्शनिकता बघारते हो। मगर मैं तो ज़िन्दा रहना चाहता हूँ। इसलिए रात को खाने के वक्त शेरी लेता हूँ; सिगार-विगार पीता हूँ। सो जनाब बात यों है...।

दोर्न : जीवन को हमेशा गम्भीरतापूर्वक लेना चाहिए। साठ साल का होने पर भी दवाएँ खाते चले जाना, हर वक्त यह रोना कि हाय हमने जवानी में जीवन नहीं देखा, बुरा न मानिए, ये सब—बड़ी छिछोरी बातें हैं।

माशा : **(उठते हुए)** खाने का समय हो गया है। **(पाँव घसीटते हुए आलस से चलती है)** मेरे तो पाँव सो गए। **(चली जाती है)**

दोर्न : जाकर खाना खाने से पहले दो गिलास चढ़ाएगी।

सोरिन : बेचारी की ज़िन्दगी में अपना सुख ही क्या है?

दोर्न : सब बकवास है, नवाब साहब!

सोरिन : तुम तो हमेशा ऐसे बातें करते हो जैसे जो-जो तुमने चाहा सभी कुछ मिल गया हो।

आर्कदीना : उफ़, इन उबाऊ-गँवारू गप्पों से तो पेट भर गया। ऐसी गर्मी, जिसमें किसी को कुछ करना नहीं—सिवाए हर एक को सिद्धान्त बघारने के। भाई, माना तुम लोगों के साथ रहने, तुम लोगों की बातें सुनने में भी एक आनन्द है, लेकिन किसी होटल के एकान्त कमरे में बैठे-बैठे पार्ट याद करने का और इस सबका क्या मुकाबला?

नीना : **(जोश से)** ठीक, बिल्कुल ठीक! मैं आपकी बात मानती हूँ।

सोरिन : ज़रूर शहर यहाँ से अच्छा होगा। वहाँ आप अपने अध्ययन-कक्ष में बैठे हैं, चपरासी बिना बताए किसी को घुसने नहीं दे रहा है, टेलीफ़ोन है...सड़कों पर गाड़ियाँ...दुनिया-भर की भीड़, शोरगुल...।

दोर्न : **(गुनगुनाता है)** मेरी कलियो, उससे कहना...।

[शार्मयेव और उसके पीछे पोलिना आन्द्रेव्ना का प्रवेश]

शार्मयेव : अरे, यहाँ तो सभी लोग हैं। नमस्कार भाइयो। **(पहले आर्कदीना का और फिर नीना का हाथ चूमता है)** आपको स्वस्थ देखकर बड़ी खुशी हुई । **(आर्कदीना से)** मेरी पत्नी कहती थीं कि आप उनके साथ आज बाहर गाँवों में ताँगे पर सैर करने जाने को कह रही हैं। ऐसा है क्या?

आर्कदीना : हाँ, सोच तो रहे हैं हम लोग।

शार्मयेव : हुँ, बहुत अच्छा तो है। लेकिन आप जाएँगी कैसे? आज तो लोग गाड़ी में अनाज ढो रहे हैं—सभी लगे हैं। मैं भी तो सुनूँ—कौन-से घोड़े ले जाएँगी?

आर्कदीना : कौन-से घोड़े? मुझे क्या मालूम कौन-से?

सोरिन : मगर हमारे पास ताँगे वाले घोड़े भी तो हैं।

शार्मयेव : **(गुस्से से)** ताँगे वाले घोड़े! उनके लिए मैं साज कहाँ से लाऊँगा? वाह, यह अच्छी रही। मेरी तो कुछ समझ में नहीं आता। **(आर्कदीना से)** माफ़ कीजिए, मैं आपकी प्रतिभा का बड़ा क़ायल हूँ—कहें तो ज़िन्दगी के दस साल आपकी सेवा के लिए निछावर कर दूँ; लेकिन घोड़े बिल्कुल नहीं ले जाने दूँगा।

आर्कदीना : लेकिन मुझे जाना ही हो तो? अजीब बात करते हो।

शार्मयेव : आप जानती नहीं, खेती किसे कहते हैं?

आर्कदीना : **(भड़ककर)** यह सब मैं बहुत सुन चुकी। अगर यही बात है तो मैं आज ही मॉस्को लौटी जा रही हूँ। मेरे लिए गाँव से भाड़े पर घोड़े मँगा दो—नहीं तो स्टेशन तक भी पैदल ही चली जाऊँगी।

शार्मयेव : तो फिर मेरा भी इस्तीफ़ा ले लीजिए। कोई दूसरा कारिन्दा तलाश कर लीजिए। **(जाता है)**

आर्कदीना : हर गर्मियों की छुट्टियों में यही होता है। हर बार गर्मियों में मेरा अपमान होता है। अब मैं यहाँ कभी क़दम नहीं रखूँगी।

[बाईं ओर जहाँ घाट की छतरी है, चली जाती है। फिर एक मिनट बाद ही मकान में प्रवेश करती दिखाई देती है। पीछे-पीछे बंसी, डोर और डोलची लिए हुए त्रिगोरिन आता है।]

सोरिन : **(भड़ककर)** यह सरासर गुस्ताख़ी है! हद कर दी है। मेरी तो नाक में दम आ गया है। अच्छा, अभी इसी वक्त सारे घोड़ों को यहाँ लाओ।

नीना : **(पोलिना से)** इरीना निकोलायेव्ना जैसी मशहूर एक्ट्रेस की किसी भी इच्छा–या मान लो सनक ही सही–को इनकार कर देने का नतीजा आपकी सारी खेती से कहीं ज़्यादा महत्त्वपूर्ण है। सचमुच, बड़े अफ़सोस की बात है।

पोलिना : **(बेबसी से)** इसमें मैं करूँ भी तो क्या करूँ? अपने को मेरी जगह रखकर देखो। मैं क्या करूँ?

सोरिन : **(नीना से)** चलो, आर्कदीना के पास चलें। हम सभी उन्हें समझाएँगे कि न जाएँ। ठीक है न? **(जिधर शार्मयेव गया है उधर देखकर)** दुष्ट! चांडाल!

नीना : **(उसे उठने से रोकते हुए)** बैठे रहिए, बैठे रहिए। हम आपको भीतर धकेल ले चलेंगे। **(वह और मैद्वीद्वैंको नहाने की कुर्सी को धकेलते हैं)** हाय, कैसी बात है !

सोरिन : हाँ, हाँ बुरी बात है, लेकिन वह इस आदत से बाज़ थोड़े ही आएगा। मैं आज उसे साफ़-साफ़ जवाब दे दूँगा। **(ये लोग चले जाते हैं। मंच पर दोर्न और पोलिना ही अकेले रह जाते हैं)**

दोर्न : लोग भी कैसे-कैसे मूर्ख होते हैं। तुम्हारे इस पति को तो लात मारकर बाहर निकाल देना चाहिए। लेकिन तुम देख लेना, इस सबका अन्त यों होगा कि प्योत्र निकोलायेविच और उनकी बहन–यह बुढ़िया ही–खुद जाकर उससे माफ़ी माँग लेंगे। चलो क़िस्सा ख़त्म हुआ।

पोलिना : इन्होंने ही तो भिजवाया था ताँगे के घोड़ों को भी खेत पर काम कराने। रोज़ इसी तरह की उल्टी-सीधी बातें होती हैं। काश, आप जान पाते, ये बातें मुझे कितना दुःखी कर डालती हैं। मेरा जी जल जाता है। देखिए न, अभी तक कैसे काँप रही हूँ...यह सब जंगलीपन मुझसे तो नहीं सहा जाता। **(खुशामद के स्वर में)** येव्गेनी, प्रियतम, मेरे नयनों की ज्योति, मुझे अपने साथ रख लो न...हमारी उम्र गुज़री जा रही है...अब तो हम नौजवान भी नहीं हैं...काश, जीवन के अन्तिम दिनों में इस लुका-छिपी और झूठ से पीछा छूटता...।

[चुप्पी]

दोर्न : मैं पचपन साल का हो गया हूँ। अब मेरे लिए जीवन के रवैये को बदलने का वक्त नहीं रहा।

पोलिना : मुझे पता है। तुम मुझसे इसलिए कतराते हो कि तुम्हारी अपनी औरतें भी तो हैं न। मगर उन सभी को तो तुम अपने साथ लटकाकर नहीं रखोगे। मैं सब समझती हूँ। बुरा मत मानना, तुम मुझसे ऊब चुके है...।

[मकान के पास ही नीना फूल चुनती हुई दिखाई देती है।]

दोर्न : नहीं-नहीं, ऐसी तो कोई बात नहीं है।

पोलिना : घुल-घुलकर मेरा बुरा हाल है। जानती हूँ तुम डॉक्टर हो, कहाँ तक औरतों से दूर-दूर रह सकते हो।

दोर्न : **(नीना से–जो उसके पास तक आ गई है)** अब क्या हालचाल हैं?

नीना : इरीना निकोलायेव्ना रो रही हैं और प्योत्र निकोलायेविच को साँस का दौरा पड़ गया है।

दोर्न : **(उठते हुए)** अच्छा! मैं चलकर उन दोनों को अर्क-धतूरे (वैलेरियन) की कुछ बूँदें दिए देता हूँ।

नीना : **(उसे फूल देकर)** ये आपकी भेंट हैं।

दोर्न : शुक्रिया!

[मकान की तरफ चलता है।]

पोलिना : **(उसके साथ जाते हुए)** कैसे सुन्दर फूल हैं। **(मकान के पास जाकर बड़ी भिंची आवाज में)** ये फूल मुझे दे दो। दो मुझे ये फूल।

[फूल लेकर मसलकर फेंक देती है। दोनों घर में चले जाते हैं।]

नीना : **(स्वगत)** इतनी प्रसिद्ध अभिनेत्री को रोते देखकर कैसा आश्चर्य होता है–और वह भी इतनी ज़रा-सी बात के लिए। अच्छा, नहीं लगता यह सब अद्भुत? एक प्रसिद्ध लेखक–जनता जिसे पूजती है; अख़बारों में जिसके बारे में ख़बरें प्रकाशित होती हैं; जिसकी तस्वीरें बिकती हैं; जिसकी रचनाओं का विदेशी भाषाओं में अनुवाद होता है–वह सारे दिन बैठा मछलियाँ पकड़ा करता है। इसी बात पर खुश होता है कि उसने दो रोहू मछलियाँ पकड़ ली हैं। मैं सोचा करती थी कि बड़े आदमियों में बड़ा घमंड होता होगा; वे किसी से मिलते-जुलते नहीं होंगे; भीड़-भाड़ से घबराते होंगे। अपने यश और महिमा के सामने, वंश और धन को ही सब कुछ समझने वाले लोगों से वे लोग अपने को ऊपर रखकर उन्हें तुच्छ समझते होंगे...लेकिन ये तो साधारण लोगों की तरह रोते हैं, मछलियाँ पकड़ते हैं, हँसते हैं, और झुँझलाते-चिड़चिड़ाते हैं।

त्रेपलेव : **(नंगे सिर, हाथ में बन्दूक और एक मरी हुई हंसनी लेकर प्रवेश करते हुए)** तुम क्या यहाँ अकेली ही हो?

नीना : हाँ, हूँ तो।

[त्रेपलेव हंसनी को उसके पैरों के पास रख देता है।]

नीना : इसका मतलब?

त्रेपलेव : आज इस हंसनी की साँसें छीनकर मैंने कैसी नीचता का काम किया

है! मैं इसे तुम्हारे चरणों में अर्पित कर रहा हूँ।

नीना : यह तुम्हें हो क्या गया है?

[हंसनी को उठा लेती है और उसे ध्यान से देखती रहती है।]

त्रेपलेव : **(कुछ देर चुप रहकर)** यों ही एक दिन मैं अपने आपको भी खत्म कर लूँगा।

नीना : सच त्रेपलेव, तुम बहुत ही बदल गए हो। तुम्हारी बातें मेरी समझ में नहीं आतीं।

त्रेपलेव : हाँ, उसी दिन से तो, जिस दिन से मैं तुम्हें नहीं समझ पाया। मेरे लिए अब तुम वह नहीं रहीं—तुम्हारी निगाहों में अब प्यार की गरमी नहीं रही—तुम्हें मेरा अपने रास्ते में आना बुरा लगता है।

नीना : तुम इधर बहुत ही चिड़चिड़े हो गए हो...जब देखो तब पता नहीं, किन प्रतीकों और अलंकारों में बोलते रहते हो...मेरी समझ में भी तो कुछ नहीं आता। हो सकता है, यह हंसनी भी किसी बात का प्रतीक हो! लेकिन माफ़ करो, मैं इसे समझ नहीं पा रही **(हंसनी को बेंच पर रख देती है)** तुम्हें जान पाना मेरे वश के बाहर है।

त्रेपलेव : इस न समझ पाने का प्रारम्भ तो उसी दिन से हुआ है जिस दिन मेरे नाटक को भँडैती बताकर सत्यानाश किया गया। नारी कभी भी असफलता को नहीं भूल पाती। मैंने उसका एक-एक पन्ना जला डाला है। काश, तुम जान पातीं मैं कितना व्यथित हूँ। तुम्हारा यह ठंडा पड़ता प्यार मेरे लिए कितनी बड़ी सज़ा है—कैसा भयानक, कितना अ-कल्पनीय। जैसे एक दिन अचानक नींद से जागकर मैं देखूँ कि सारी झील का पानी सूख गया है, धरती ने उसे निगल लिया है। तुमने अभी कहा कि मेरी बातें समझना तुम्हारे वश के बाहर की बात है...हाँ, उनमें रखा ही क्या है समझने को? मेरे नाटक को किसी ने पसन्द नहीं किया। तुम तो मेरी मूल प्रेरणा से ही नफ़रत करती हो। अब तुम यह समझने लगी हो कि मैं हज़ारों-लाखों लोगों की तरह एक तुच्छ और मामूली आदमी हूँ...**(पैर पटककर)** तुम्हारी इन सारी बातों का अर्थ मैं खूब अच्छी तरह समझने लगा हूँ नीना। मुझे लगता है जैसे किसी ने मेरे दिमाग़ में कीलें ठोंक दी हों...काश, इस सबको, अपने इस अहं को कहीं कुएँ-भाड़ में फेंक पाता...। यह मेरे जीवन को साँप की तरह चूसे ले रहा है। **(किताब पढ़ते हुए त्रिगोरिन को आते देखकर)** लो, असली प्रतिभा तो यह आ रही है। वाह, क्या हाथ में किताब लिए हैमलेट की तरह चले आ रहे हैं **(विद्रूप से)** शब्द! शब्द! शब्द! **(नीना से)** अरे, अभी सूरज तुम्हारे पास तक आया भी नहीं और तुम्हारे होंठों

पर सूरजमुखी की मुस्कुराहट छा गई—आँखों में किरणें घुलने लगीं। अच्छी बात है, मैं तुम्हारे रास्ते में नहीं आऊँगा!

[तेज़ी से चला जाता है।]

त्रिगोरिन : **(किताब में लिखता है)** सुँघनी चढ़ाती है और वोदका पीती है! हमेशा काले कपड़े पहनती है। स्कूल मास्टर उसे प्यार करता है...।

नीना : नमस्कार, बोरिस अलेक्सीविच।

त्रिगोरिन : नमस्कार! अचानक परिस्थिति एकदम ऐसी बदल गई कि लगता है आज शायद हम लोग चले जाएँ। फिर तो शायद ही कभी मिल सकें। बड़ा अफ़सोस है। सुन्दर-सुन्दर नवयौवनाओं से मिलने के बहुत अधिक अवसर तो मुझे नहीं मिलते। अठारह-उन्नीस साल की उम्र में कोई क्या सोचता है, यह मेरे दिमाग़ से अब बिल्कुल ही उतर चुका है—इसलिए मैं स्वयं उसको चित्रित नहीं कर पाता। यही कारण है कि मेरे उपन्यासों और कहानियों में युवतियाँ बड़ी ही काल्पनिक और नक़ली-सी हैं। मेरे मन में आता है कि काश, घंटे-भर के लिए ही अगर कहीं मैं तुम्हारी जगह हो पाता, देख पाता तुम लोग क्या सोचती हो—किस तरह की होती हो।

नीना : और मेरा मन होता है—काश, मैं आपकी जगह होती।

त्रिगोरिन : किसलिए?

नीना : देखती एक प्रतिभाशाली प्रसिद्ध लेखक होकर कैसा लगता है? प्रसिद्ध होना कैसा होता है? प्रसिद्ध होने का क्या-क्या असर पड़ता है?

त्रिगोरिन : कैसा क्या? कोई ख़ास नहीं। मैंने तो कभी इस बारे में सोचा भी नहीं **(एक क्षण सोचकर)** उस स्थिति में दो में से एक ही बात होती है—या तो लोग आपके यश को बहुत बढ़ा-चढ़ाकर देखते हैं या फिर उस ओर से बिल्कुल ही आँखें मूँद लेते हैं...।

नीना : लेकिन जब आप अपने बारे में अख़बारों में पढ़ते होंगे तब? कैसा लगता होगा आपको?

त्रिगोरिन : लोग जब मेरी तारीफ़ें करते हैं तो बड़ा अच्छा लगता है, और जब गालियाँ देते हैं तो दो-एक दिन तबीयत बड़ी उखड़ी-उखड़ी रहती है।

नीना : अजीब दुनिया है? काश कि आप जान पाते; मुझे आपसे कितनी ईर्ष्या है। कैसी-कैसी होती हैं लोगों की क़िस्मतें भी! कुछ हैं कि दूसरे हज़ारों लोगों की तरह अपनी नीरस-अनजान ज़िन्दगी को घसीटते-भर रहते हैं—दुःखी रहते हैं, और दूसरी तरफ़ लाखों में से एक आप जैसे हैं कि जिनके दिलचस्प जीवन में आनन्द है, महिमा है! वास्तविक सुखी तो आप हैं।

त्रिगोरिन : मैं? **(कन्धे झटककर)** हुँ, तुम तारीफ़ों और खुशियों की बात करती हो, चमक-दमक भरी दिलचस्प ज़िन्दगी की बात करती हो। लेकिन माफ़ करना, मेरे लिए ये सारे सुन्दर-सुन्दर शब्द ऐसी मिठाइयाँ हैं जिन्हें खुद मैं कभी चखता तक नहीं। अभी तुम बहुत भोली हो—बड़ी सीधी-सरल हो।

नीना : आपका जीवन बड़ा शानदार है।

त्रिगोरिन : क्या ख़ाक शानदार है इसमें? **(घड़ी देखकर)** अब मैं यहाँ से सीधा जाकर लिखूँगा। क्षमा करना, अब मैं रुक नहीं सकता। **(हँसता है)** जैसा लोग कहते हैं न, तुमने मेरे सोये तारों को छेड़ दिया है; और मैं हूँ कि भावावेश में आता जा रहा हूँ—हल्की झुँझलाहट भी आ रही है। बहरहाल आओ, बातें ही सही। हम लोग इस चमक-दमक भरी अपनी शानदार ज़िन्दगी के बारे में ही बातें करें...क्यों? कहाँ से शुरू किया जाए? **(एक क्षण सोचकर)** विचारों का ध्रुव क्या होता है जानती हो? आदमी जब रात और दिन एक ही बात सोचता रहता है, जैसे चाँद! मेरा भी अपना एक ऐसा ही चाँद है। लगातार बस एक ही पागल विचार मेरे दिमाग़ में हर वक़्त चक्कर काटा करता है कि मुझे लिखना है...मुझे लिखना है...मैं एक उपन्यास पूरा करके चुकता नहीं हूँ कि न जाने क्यों नया शुरू कर देता हूँ...फिर दूसरा, फिर तीसरा, तीसरे से चौथा...बिना रुके अन्धाधुन्ध बस लिखता ही चला जाता हूँ, इसके सिवा मैं कुछ और कर भी तो नहीं सकता। मैं तुम्हीं से पूछता हूँ, इसमें ऐसा क्या है जिसे शानदार नाम दिया जा सके? उफ़, कैसी बकवास ज़िन्दगी है यह भी! अब मैं तुम्हारे साथ हूँ, उत्साह में हूँ; लेकिन हर क्षण मुझे ध्यान है कि अधूरा उपन्यास मेरी राह देख रहा है। देखो, वह सामने जो बड़े प्यानो जैसी शक्ल का बादल दिखाई देता है न, अब मैं उसे देखकर सोच रहा हूँ कि किसी कहानी में लिखना है कि तैरता हुआ बादल ऐसा लगता था जैसे बड़ा भारी प्यानो हो। कहीं सूरजमुखी के फूल की गन्ध आ रही है, और मैं झपटकर नोट कर लेता हूँ—मुर्झाई-सी गन्ध, विधवा के कपड़ों जैसे रंग का फूल...कहीं गर्मी की संध्या के वर्णन में ज़िक्र करना है...मैं अपने आपको और तुम्हें हर वाक्य पर, हर शब्द पर, हर वक़्त, तौलता हूँ और फ़ौरन ही निष्कर्ष को अपने साहित्यिक गोदाम में जमा कर लेता हूँ...कि शायद कहीं काम आ जाए। जैसे ही एक किताब पूरी की कि मैं थियेटर की ओर या मछली पकड़ने दौड़ पड़ता हूँ। लेकिन नहीं, फिर कोई नई सूझ...तोप के भारी गोले की तरह मेरी खोपड़ी में

भन्नाने लगती है और मैं फिर मेज़ पर आ जमता हूँ—अन्धाधुन्ध लिखता जाता हूँ, लिखता जाता हूँ। हमेशा-हमेशा यही होता है। मुझे अपने आपसे ही छुट्टी नहीं है। लगता रहता है जैसे मैं खुद ही अपने जीवन को खाये जा रहा हूँ। शहद की ख़ातिर मैं अच्छे-अच्छे, तरह-तरह के फूलों का नाश किए जा रहा हूँ, मानो उन फूलों को खुद ही तोड़-तोड़कर कुचल-मसल रहा हूँ। अच्छा, सच कहो मैं पागल-सा नहीं दिखाई देता? मेरे रिश्तेदार या मित्र मेरे साथ क्या ठीक वैसा ही व्यवहार करते हैं जैसा समझदारों के साथ किया जाता है? "आप आजकल क्या लिख रहे हैं?" "इस बार हमें क्या दे रहे हैं?" हर बार बस एक ही सवाल! मुझे लगता है जैसे मेरे दोस्त खुद जानते हैं कि उनकी ये सारी तारीफ़ें, उसके ये सारे जोश-ख़रोश, बिल्कुल झूठे हैं और वे मुझे निकम्मा समझकर सिर्फ़ धोखा दिए जा रहे हैं। हमेशा मुझे डर लगा रहता है कि कहीं वे मुझे पीछे से अचानक आकर दबोच न लें और पागलख़ाने में ले जाकर न डाल दें। जवानी के सबसे अच्छे दिनों में जब मैंने नया-नया लिखना शुरू किया था, उन दिनों तो यह लिखने का काम मेरे लिए विशुद्ध यातना से कम नहीं था। हर छोटा लेखक, ख़ासतौर से वह छोटा लेखक, जिसने अभी सफलता का मुँह न देखा हो, अपने आपको बड़ा तुच्छ और बेचारा महसूस करता है। बड़ी जल्दी जोश में आ जाता है, बड़ी जल्दी घबरा जाता है। वह कला और साहित्य से सम्बन्धित लोगों के पीछे-पीछे लगे फिरने के मोह को रोक नहीं पाता। उस समय न तो कोई उसकी तरफ़ ध्यान देता है, न साहित्य में उसका कोई स्थान होता है। वह शौक़ में अन्धे, ख़ाली जेब जुआरी की तरह हर किसी से आँख मिलाने से डरता है। जाने क्यों, अपने पाठक की, मैंने कभी भी, एक अविश्वासी व्यक्ति और शत्रु के सिवा और किसी भी रूप में कल्पना ही नहीं की। मैं जनता से हमेशा डरता रहा, उससे मुझे हमेशा ही घबराहट रही। जब भी कभी मेरा नाटक पहली बार दिखाया जाता है तो मुझे हर क्षण लगता है जैसे सारे काले आदमी द्वेष से चले जा रहे हैं, और सारे गोरे लोग उसकी ओर बिल्कुल भी ध्यान नहीं दे रहे—उदासीन हैं। उफ़, यह सब कैसी तकलीफ़ थी, कितना तीखा दर्द था!

नीना : ख़ैर, जो भी हो, रचना की प्रेरणा और निर्माण की प्रक्रिया तो ज़रूर ही आपको एक अछूते उल्लास के क्षण प्रदान करती होगी।

त्रिगोरिन : हाँ, जब लिखता हूँ उस समय तो उसका आनन्द ज़रूर लेता हूँ। अपने प्रूफ़ पढ़ने में भी बड़ा अच्छा लगता है...लेकिन जैसे ही किताब छपी

कि मुझसे फिर उसे देखा नहीं जाता। मुझे लगने लगता है कि उसे लिखना व्यर्थ था, अनुचित था—उसे तो लिखा ही नहीं जाना चाहिए था...और इसी बात को लेकर मैं परेशान हो जाता हूँ, झुँझलाता हूँ...(**हँसता है**) और जब जनता पढ़ती है तो कहती है—"वाह, बहुत सुन्दर! चीज़ तो कमाल की है। हाँ, टालस्टाय से काफी नीचे दर्जे की है।" या "चीज़ तो बड़ी गज़ब की है लेकिन तुर्गनेव की 'बाप-बेटे' इससे कहीं ऊँची चीज़ है"—मेरी मौत तक बस यही होता रहेगा—सुन्दर और कमाल की चीज़, सुन्दर और कमाल की चीज़। जब मर जाऊँगा तो मेरी क़ब्र के पास से गुज़रने वाले मेरे दोस्त कहेंगे, "यह त्रिगोरिन की क़ब्र है। बड़ा अच्छा लेखक था, लेकिन तुर्गनेव जैसा नहीं है।"

नीना : माफ़ करें, मैं आपकी बात मानने को तैयार नहीं हूँ। आपकी सफलता ने आपको बिगाड़ दिया है।

त्रिगोरिन : सफलता क्या ख़ाक़? मुझे कभी अपना लिखा पसन्द ही नहीं आया। पता नहीं क्यों, जो कुछ भी लिखता हूँ मुझे बेकार लगता है। मज़े की बात यह है कि मानो मैं होश में ही नहीं रहता। अक्सर मेरी समझ में नहीं आता कि मैं क्या लिख रहा हूँ। मुझे यह झील का पानी, ये पेड़, आसमान इन सबसे बड़ा प्यार है। मुझे प्रकृति से भी बड़ा मोह है—यह मुझमें एक आवेग, एक दुर्दमनीय इच्छा...जगा देती है। मगर मैं सिर्फ़ दृश्यों का निर्जीव चितेरा ही तो नहीं हूँ, मैं एक नागरिक भी हूँ। मुझे अपनी जन्मभूमि से प्यार है। यहाँ के लोग-बाग अच्छे लगते हैं। और तब मुझे लगता है कि मैं एक लेखक हूँ, मेरा यह परम कर्त्तव्य है कि लोगों के बारे में लिखूँ, उनके कष्टों-मुसीबतों के बारे में लिखूँ, उनके भविष्य के बारे में लिखूँ, साइंस के बारे में और मानव अधिकारों के बारे में बोलूँ। और तब हर चीज़ के बारे में लिखने की इच्छा होती है। मैं अन्धाधुन्ध, दम तोड़कर लिखता हूँ। लेकिन लोग हैं कि मुझे चारों तरफ़ से कोंचते हैं—मुझसे नाराज़ रहते हैं। शिकारी कुत्तों से खदेड़ी जाती लोमड़ी की तरह मैं इधर से उधर और उधर से इधर दौड़ता हूँ। मेरी आँखों के सामने ही जीवन और संस्कृति, लगातार आगे-आगे बढ़े चले जा रहे हैं और मुझे लगता है रेल छूट जाने के बाद पहुँचने वाले किसान की तरह मैं पीछे और पीछे ही छूटता चला जा रहा हूँ। नतीजा इसका यह है कि अन्त में मैं पाता हूँ कि मैंने सिर्फ़ ऐसे दृश्यों का ही चित्रण किया है जो सबके सब सरासर झूठे थे।

नीना : असल में आपने बहुत मेहनत की है, इसलिए अपने महत्त्व को

पहचानने का न तो आपको समय मिला और न इच्छा ही हुई। आप खुद अपने आपसे चाहे जितने असन्तुष्ट हों, लेकिन दूसरों के लिए महान और पूज्य की हैं। अगर मैं आपकी तरह लेखिका होती तो साधारण लोगों के लिए अपना जीवन उत्सर्ग कर देती। हाँ, हर वक़्त इसका ज़रूर ध्यान रखती कि लोगों को अपने धरातल तक ऊँचा उठाने की कोशिश से बढ़कर दूसरी कोई खुशी नहीं है। तब वे मेरी प्रगति के रथ के लिए अपने आपको घोड़ों की तरह सजा लेते।

त्रिगोरिन : क्या कहना है, अपना रथ! मैं क्या कोई 'ऐगांमैनन्'[1] हूँ?

[दोनों मुस्कुराते हैं।]

नीना : एक लेखक या कलाकार को जो आनन्द प्राप्त है, उसे पाने के लिए मैं गरीबी, निराशा, अपने चारों ओर की घृणा सभी कुछ बरदाश्त करने को तैयार हूँ। मैं उसके लिए मचान पर रह लूँगी और केवल ज्वार-बाजरे की बनी रोटियों पर गुज़र कर लूँगी। आपकी तरह अपनी कमियों और कमज़ोरियों को पहचानकर अपने कभी भी सन्तुष्ट न हो पाने के अपार कष्ट को भी सहने को तैयार हूँ—लेकिन बदले में मैं सिर्फ़ एक चीज़ चाहती हूँ—वह है यश! दिगुदिगन्त में गूँजता-मँडराता यश!... **(दोनों हाथों से अपना चेहरा ढाँप लेती है)** हाय! मेरा सिर भन्ना रहा है।

[मकान के भीतर से आर्कदीना की आवाज़]

आर्कदीना : बोरिस अलेक्सीविच।

त्रिगोरिन : मुझे ही बुला रहे हैं। मेरा ख़याल है, सारी तैयारियाँ पूरी हो चुकी हैं। लेकिन मेरा तो यहाँ से जाने को मन ही नहीं कर रहा **(झील के चारों ओर देखता है)** देखो न, कैसी रमणीक झील है। शानदार!

नीना : आप देख रहे हैं न, झील के उस किनारे का मकान और बगीचा?

चिगोरिन : हाँ, हाँ।

नीना : वहीं मेरी माँ का मकान है। वहीं मैं पैदा हुई थी। इसी झील के आस-पास मैंने अपनी सारी ज़िन्दगी बिताई है। इसके छोटे-से-छोटे द्वीप से मेरा परिचय है।

त्रिगोरिन : बड़ी रमणीक जगह है यह तो सचमुच **(हंसनी को देखकर)** अरे, यह क्या है?

नीना : हंसनी! कोन्स्तान्तिन गाव्रिलिच ने शिकार किया है।

---

1. हेलेन के भगा लिए जाने पर उसके पति मोनिलस के भाई ऐगांमैनन् ने ट्रॉय के विरुद्ध फौजें लेकर हमला किया था।

त्रिगोरिन : कैसा सुन्दर पक्षी है। सचमुच, मेरा जाने को ज़रा भी मन नहीं करता। इरीना निकोलायेव्ना को रोकने की कोशिश कर देखो न!

[अपनी किताब में लिखने लगता है।]

नीना : यह क्या लिखने लगे आप?

त्रिगोरिन : कुछ नहीं, यों ही ज़रा दो-एक लाइनें लिख रहा था। अचानक एक बात सूझ गई (**किताब एक ओर रख देता है**) कहानी का एक विषय था। तुम्हारी जैसी एक युवती ने अपना सारा जीवन झील के किनारों पर ही रहकर बिताया है...वह झील को हंसनी की तरह प्यार करती है, हंसनी की तरह ही वह इसके आस-पास प्रसन्न और स्वच्छन्द घूमी है; लेकिन अचानक वहाँ एक आदमी आ जाता है, उसे देखता है और जब उसे कुछ और करने को नहीं मिलता तो इस हंसनी की तरह उसकी हत्या कर डालता है।

[चुप्पी]

[खिड़की से आर्कदीना दिखाई देती है।]

आर्कदीना : बोरिस अलेक्सीविच तुम कहाँ हो?

त्रिगोरिन : आता हूँ। (**जाते हुए नीना को पीछे घूमकर देखता है। खिड़की से झाँकती आर्कदीना से**) क्या बात है?

आर्कदीना : हम लोग आपके लिए रुके हैं।

[त्रिगोरिन उस मकान में चला जाता है।]

नीना : (**कुछ देर अपने विचारों में खोयी-सी खड़ी रहती है, फिर फुटलाइटों तक बढ़ जाती है**) कैसा मोहक सपना है!

[पर्दा गिरता है।]

अंक : तीन

[सोरिन के मकान का डाइनिंग रूस। दाहिनी और बाईं ओर दरवाज़े। दवाओं की एक अलमारी। कमरे के बीचोबीच एक मेज़। एक बक्स और टोपों के डिब्बों से चलने की तैयारी का पता चलता है। त्रिगोरिन दोपहर का खाना खा रहा है। माशा मेज़ के पास खड़ी है।]

माशा : आप लेखक हैं न, इसीलिए मैं आपको यह सब बता रही हूँ। हो सकता है कहीं आपके काम ही आ जाए। सच कहती हूँ, अगर उन्होंने अपने आपको ज़रा-सा और घायल कर लिया होता तो मैं उसी क्षण वहीं मर जाती। वैसे साहस मुझमें काफ़ी है। अब मैंने तो तय कर लिया है कि उनके इस प्यार को दिल से निकाल फेंकूँगी। जड़ से उखाड़ डालूँगी।

त्रिगोरिन : कैसे?

माशा : मैं शादी कर लूँगी—मैद्वीद्वेंको से।

त्रिगोरिन : उस स्कूल मास्टर से?

माशा : जी हाँ।

त्रिगोरिन : मुझे तो इसमें कोई तुक नज़र नहीं आती।

माशा : बिना किसी आशा के प्यार किए जाने में ही क्या तुक है? कुछ होगा—इसी उम्मीद पर साल पर साल बिताते जाने में क्या तुक है? जब शादी हो जाएगी तो इस प्रेम-प्यार के लिए फुर्सत ही किसे मिलेगी। नई चिन्ताएँ सारी पुरानी भावनाओं के गले मरोड़ देंगी...बहरहाल आप देखिए, इससे कुछ-न-कुछ तो बदलेगा ही। एक गिलास और लेंगे?

त्रिगोरिन : ज़्यादा तो नहीं हो जाएगा?

माशा : अरे, सब ठीक है। **(दो गिलास भर देती है)** इस तरह मेरी ओर मत देखिए। औरतें अक्सर कितनी पीने वाली होती हैं, आप सोच भी नहीं सकते। कुछ थोड़ी-सी ही हैं जो मेरी तरह खुल्लम-खुल्ला पीती हैं, वर्ना ज़्यादा तो चुप-चुप ही चढ़ाती हैं। जी हाँ, और वो भी वोदका या ब्रांडी। **(गिलासों को एक-दूसरे से छुआकर)** मेरी शुभकामनाएँ लें। आप दिल के बड़े अच्छे आदमी हैं। आपसे बिछुड़ने का मुझे बड़ा दुःख है।

[दोनों पीते हैं।]

त्रिगोरिन : मेरा मन खुद जाने को नहीं कर रहा।

माशा : उन्हें रुकने को समझाइए न?

त्रिगोरिन : नहीं, वे अब नहीं रुकेंगी। उनके प्रति उनके बेटे का व्यवहार अच्छा नहीं है। एक तो उसने खुद अपने गोली मार ली; दूसरे सुनते हैं वह मुझे भी द्वंद्व के लिए ललकारने वाला है। और इसकी वजह भी तो हो कुछ? वह बौखलाता है, गुर्राता है और कला के नए रूपों की वकालत करता है...भाई, नए-पुराने सभी के लिए जगह है...इसमें झगड़ने की क्या बात है?

माशा : हो सकता है इसमें ईर्ष्या भी हो...लेकिन मैं ठीक-ठीक नहीं बता सकती...।

[चुप्पी]

[याकोव एक बक्स लेकर दाहिनी ओर से बाईं ओर को जाता है। नीना का प्रवेश। वह खिड़की के पास खड़ी हो जाती है।]

माशा : माना हमारे स्कूल मास्टर साहब बहुत विद्वान नहीं हैं; मगर आदमी तो बेचारे बड़े भले हैं। बहुत ही प्यार करते हैं। मुझे उनकी माँ पर बड़ी दया आती है। ख़ैर, आपके लिए मेरी शुभकामनाएँ। मेरे बारे में मन में कोई बुरा ख़याल मत रखिए। **(बड़े आवेग से हाथ मिलाती है)** आपकी इस आत्मीयता के लिए मैं बहुत ही कृतज्ञ हूँ। अपनी किताबें मुझे ज़रूर भेजिए, और देखिए, उन पर अपने हाथ से ज़रूर लिखिए। हाँ, कहीं यह मत लिख दीजिए कि 'अपनी आदरणीय मित्र को' उस पर लिखिए सिर्फ़—'मार्या को, जो किसी की नहीं है—जीवन में जिसका कोई नहीं है।' अच्छा नमस्कार!

[चली जाती है।]

नीना : **(अपनी बँधी मुट्ठी वाला हाथ उसकी ओर बढ़ाकर)** दो या एक?

त्रिगोरिन : दो।

नीना : **(गहरी साँस लेकर)** ग़लत! मेरे हाथ में सिर्फ़ एक ही मटर का दाना है। मैं अपना भाग्य देख रही थी कि मंच-जीवन अपनाऊँगी या नहीं। काश, कोई मुझे इस बारे में कुछ बताए!

त्रिगोरिन : ऐसी बातों में सलाह दे सकना बड़ा मुश्किल है।

नीना : हम लोग बिछुड़ रहे हैं। शायद अब फिर कभी न मिल पाएँ। विदाई की याद में मेरी ओर से भेंट, यह तमग़ा स्वीकार करेंगे? मैंने इसके ऊपर आपके नाम के अक्षर खुदवाए हैं, दूसरी ओर आपकी किताब का नाम है—'रातें और दिन'।

त्रिगोरिन : चीज़ तो बड़ी सुन्दर है। **(तमग़े को चूम लेता है)** बड़ी मधुर भेंट है।

नीना : कभी-कभी मुझे याद कर लीजिए।

त्रिगोरिन : मैं तुम्हें ज़रूर याद रखूँगा...ज़रूर याद रखूँगा...तुम्हें याद है, उस दिन के वेश में मैं तुम्हें याद रखूँगा जब हफ्ते-भर पहले खुली धूप में तुम बड़े सोफ़ियाने-से कपड़े पहने थीं...हम लोग बातें कर रहे थे...पास ही बेंच पर सफ़ेद हंसनी पड़ी थी...।

नीना : **(व्यथा से)** हाँऽऽऽ वह हंसनी...**(कुछ रुककर)** अब हम लोग ज़्यादा बातें नहीं कर पाएँगे, कोई आ रहा है। मैं प्रार्थना करती हूँ, जाने से पहले मुझे दो मिनट का समय दें...।

[बाईं ओर चली जाती है।]

[उसी क्षण दाहिनी ओर से आर्कदीना, किसी पदवी लगे स्टार वाला कोट पहले सोरिन और पीछे-पीछे सामान लादे याकोव का प्रवेश]

आर्कदीना : दादा, तुम आराम से यहीं बैठो। अपनी गठिया का ध्यान करके इधर से उधर धूमना तुम्हारे लिए ठीक नहीं है। **(त्रिगोरिन से)** अभी कौन गया? नीना?

त्रिगोरिन : हाँ।

आर्कदीना : माफ़ कीजिए, हमने बीच में आकर विघ्न डाला। **(बैठ जाती है)** अब जाकर सब बाँध-बूँध पाई हूँ। एकदम थककर चूर-चूर हो गई...।

त्रिगोरिन : **(उस तमग़े पर पढ़ता है)** 'रातें और दिन' पृष्ठ एक सौ इक्कीस, लाइन ग्यारह और बारह।

याकोव : **(मेज़ पोंछकर)** आपकी मछली पकड़ने की चीज़ें भी बाँध दूँ सा'ब?

आर्कदीना : हाँ-हाँ, मुझे फिर ज़रूरत पड़ेगी। उनके 'हुक' निकाल लेना।

याकोव : बहुत अच्छा, सा'ब!

त्रिगोरिन : **(स्वगत)** पृष्ठ एक सौ इक्कीस, लाइन ग्यारह और बारह; क्या होगा इन लाइनों में? **(आर्कदीना से)** यहाँ घर में मेरी किताबें हैं?

आर्कदीना : हाँ दादा के पढ़ने के कमरे में, कोने वाली अलमारी में रखी हैं।

त्रिगोरिन : पृष्ठ एक सौ इक्कीस...।

[जाता है।]

आर्कदीना : सच दादा, आप घर ही आराम करें न।

सोरिन : तुम तो चली जा रही हो...तुम्हारे बाद यहाँ रहना मेरे लिए बड़ा मुश्किल हो जाएगा...।

आर्कदीना : शहर में ऐसा क्या रखा है?

सोरिन : यों तो कुछ नहीं...मगर फिर भी...**(हँसता है)** वहाँ ज़मैस्त्वो हॉल का शिलान्यास होगा, दुनिया-भर की बातें होंगी। एक-दो घंटे को ही

सही—यहाँ के इस बँधे-बँधाए नीरस जीवन से छूट भागने को बड़ा मन करता है। पुराने सिगरेट-होल्डर की तरह इतने दिन तो अलमारी में बन्द रह लिया। घोड़ों के लिए मैंने एक बजे को बोल दिया है—तभी हम लोग चल पड़ेंगे।

आर्कदीना : **(कुछ देर रुककर)** सुनो दादा, यहीं रहो। ऊबना मत और ठंड मत खाना। मेरे बेटे की देखभाल करते रहना। उसे अच्छी-अच्छी बातें समझाना **(रुककर)** मैं तो अब जा रही हूँ। 'त्रेपलेव ने क्यों अपने गोली मार ली' शायद यह बात मुझे कभी भी मालूम नहीं हो पाएगी। मेरा ख़याल है, इसका मुख्य कारण जलन है। त्रिगोरिन को यहाँ से जितनी जल्दी हटा ले जाऊँ उतना ही अच्छा है।

सोरिन : मैं क्या बताऊँ? कारण तो कुछ और भी थे। बात सीधी-सी ही है। वह नौजवान है, बुद्धिमान है, जंगलियों के बीच में गाँव में रहता है। न पास में पैसा है, न कोई सम्मान, न आगे कोई भविष्य! करने को कुछ भी तो नहीं है! उसे अपने नाकारापने से डर लगता है, शर्म आती है। मुझे वह बहुत ही अच्छा लगता है, खुद वह भी मुझे काफ़ी चाहता है। इस सबके बावजूद उसे लगता है जैसे घर-भर में वही एक फ़ालतू है। भिखारियों की तरह दूसरों के सिर पड़ा है...बड़ी सीधी-सी बात है—आख़िर उसका भी तो आत्मसम्मान है।

आर्कदीना : मेरे लिए तो वह एक बड़ी भारी चिन्ता है। **(सोचते हुए)** उसे किसी नौकरी में भेज दें क्या?

सोरिन : **(सीटी बजाने लगता है। फिर बड़ी अनिश्चयात्मकता से)** मेरे ख़याल से अगर तुम यह कर सको तो उसके लिए सबसे अच्छा रहेगा...। उसके पास कुछ पैसे हो जाने दो। सबसे पहले तो उसे भले आदमियों की तरह ओढ़ने-पहनने की ज़रूरत है...। एक बार ज़रा उसकी तरफ़ देखो तो...उसी फटी-पुरानी जाकेट में तीन साल से इधर से उधर घूमता फिरता है...एक ओवरकोट तक नहीं है **(हँसकर)** कभी-कभी मन बहलाव हो जाए तो इसमें भी कोई नुकसान नहीं है...। मान लो कुछ घूमने-फिरने के लिए विदेश चला जाए...इसमें कोई बहुत ज़्यादा खर्चा भी नहीं है।

आर्कदीना : अच्छी बात है...। कपड़ों का इन्तज़ाम तो मैं शायद कर दूँ, लेकिन...जहाँ तक बाहर जाने की बात है...नहीं...नहीं...अभी तो कपड़ों का भी इन्तज़ाम मैं नहीं कर पाऊँगी। **(दृढ़ता से)** मेरे पास फूटी कौड़ी भी नहीं है।

[सोरिन हँसता है।]

आर्कदीना : नहीं है।

सोरिन : बिल्कुल सही है। माफ़ करना बहन, मुझे तुम्हारी बात पर पूरा विश्वास है। गुस्सा मत करो...तुम तो बड़ी दयालु...सहृदय...महिला हो...।

आर्कदीना : **(रोती है)** मेरे पास पैसा नहीं है।

सोरिन : अगर मेरे पास पैसा होता तो मैं उसे ज़रूर ही दे देता। लेकिन करूँ क्या, है ही नहीं—एक कानी कौड़ी भी नहीं है। मेरी सारी पेंशन को वह सुसरा कारिन्दा ले जाकर खेतों पर, जानवरों और शहद की मक्खियों पर झोंक देता है। पैसा बर्बाद होता है। मक्खियाँ मर जाती हैं, गाय-भैंस मर जाती हैं—मौक़े पर मुझे घोड़े तक नहीं मिलते...।

आर्कदीना : हाँ, मेरे पास पैसा है। लेकिन देखो न, मैं एक्ट्रेस हूँ, मेरे कपड़े ही मेरा दिवाला निकाले रखते हैं।

सोरिन : तुम बड़ी दयालु हो...बड़ी अच्छी हो...मैं तुम्हारी बहुत इज्ज़त करता हूँ। हाँ-हाँ...मगर...पता नहीं, मुझे कैसा-कैसा लग रहा है...**(लड़खड़ाता है)** मेरा सिर घूम रहा है। **(पास आकर मेज़ को पकड़ लेता है)** मुझे बेहोशी जैसी कुछ आ रही है...।

आर्कदीना : **(चौंककर)** पैत्रूशा! **(उसे सहारा देने की कोशिश करते हुए)** पैत्रूशा दादा...। **(पुकारती है)** दौड़ो! अरे, कोई आओ!

[माथे पर पट्टी बाँधे त्रेपलेव और मैद्वीद्वेंको आते हैं।]

आर्कदीना : दादा को बेहोशी आ गई है...।

सोरिन : सब ठीक है...सब ठीक है। **(मुस्कुराते हुए थोड़ा पानी पीता है)** कोई बात नहीं...अब सब ठीक हो गया...।

त्रेपलेव : **(माँ से)** अम्मा डरने की कोई बात नहीं है, कोई ख़तरा नहीं। मामा को आजकल दौरे आ जाते हैं...**(मामा से)** मामा, आप लेट जाइए...।

सोरिन : अच्छा थोड़ी देर के लिए लेट जाता हूँ...लेकिन मैं शहर ज़रूर जाऊँगा। कुछ देर लेटने के बाद चलने-फिरने लायक हो जाऊँगा...ऐसा तो होता ही रहता है...।

[अपनी बेंत के सहारे झुककर चला जाता है।]

मैद्वीद्वेंको : **(उसे अपनी बाँह का सहारा देकर)** एक पहेली बताओ...सुबह चार पैरों पर, दोपहर में दो पर, और सन्ध्या को तीन पर...।

सोरिन : बिल्कुल ठीक—और रात को पीठ के बल! अच्छा, तुम्हारी कृपा के लिए धन्यवाद, अब मैं खुद चला जाऊँगा...।

मैद्वीद्वेंको : अरे छोड़िए भी, तकल्लुफ़ की क्या बात है!

[सोरिन के साथ चला जाता है।]

आर्कदीना : मुझे दादा ने कितना घबरा दिया।

त्रेपलेव : इस गाँव में रहना उनके लि: ठीक नहीं है। वे बड़े हताश हो जाते हैं। अच्छा अम्मा, मान लो अचानक ऐसा हो जाए कि तुम्हारे हृदय में दया उमड़ पड़े और तुम उन्हें हज़ार-दो हज़ार रूबल उधार दे दो तो वह पूरे साल आराम से शहर में बिता सकते हैं।

आर्कदीना : मेरे पास एक पैसा नहीं है। मैं एक्ट्रेस हूँ। महाजन तो हूँ नहीं।

[चुप्पी]

त्रेपलेव : अम्मा मेरी पट्टी बदल दो। तुम बड़ी अच्छी तरह बदलती हो...।

आर्कदीना : (**दवाओं की अलमारी से थोड़ा आइडो-फ़ार्म और पट्टियों का सामान निकालते हुए**) डॉक्टर साहब ने बड़ी देर लगा दी।

त्रेपलेव : उन्होंने दस बजे तक आने को कहा था, और अब दोपहर हो चुकी है।

आर्कदीना : बैठो (**माथे की पट्टी उतारती है**) कैसी पगड़ी-सी लगती है। कल कोई नया आदमी रसोई में पूछ रहा था कि तुम कहाँ से आए हो। तुम्हारा घाव तो क़रीब-क़रीब भर आया। बस, थोड़ा-सा रह गया है (**उसके माथे को चूमती है**) मेरे पीछे तो अब कोई ऐसा उपद्रव नहीं करोगे न?

त्रेपलेव : नहीं माँ! वह तो पता नहीं निराशा का कैसा एक क्षण था कि मेरा अपने पर कोई वश नहीं रहा। अब फिर नहीं होगा। (**उसके हाथ चूमता है**) कैसे सधे हाथ हैं तुम्हारे। मुझे याद है, जब मैं छोटा-सा था और तुम इम्पीरियल थियेटर में ही एक्टिंग किया करती थीं, हमारे आँगन में झगड़ा हो गया था—एक धोबिन किरायेदार की खूब मरम्मत हुई थी। याद है न अम्मा? उसे बेहोशी में ही उठा लाया गया था...तुमने उसकी सेवा परिचर्या की थी और तुम उसके बच्चों को एक हौद में नहलाया करती थीं—याद है न तुम्हें?

आर्कदीना : मुझे तो याद नहीं है।

[नई पट्टी चढ़ाती है।]

त्रेपलेव : जिस घर में हम लोग रहते थे उसी घर में 'बैले' नाचने वाली दो लड़कियाँ रहती थीं...वे दोनों तुम्हारे पास आकर कॉफ़ी पिया करती थीं...।

आर्कदीना : हाँ, यह तो याद है।

त्रेपलेव : कैसी अच्छी सीधी-सादी थीं दोनों (**कुछ देर रुककर**) अभी इन्हीं दिनों अम्मा, मेरे हृदय में तुम्हारे लिए वैसा ही प्यार, मधुर और सच्चा प्यार उमड़ता रहा जैसा बचपन में उमड़ा करता था। अब मेरा तो तुम्हारे सिवा कोई भी नहीं रह गया। बस, अम्मा तुममें यही बुराई है, तुम उस आदमी के चक्कर में कैसे फँस गई हो?

आर्कदीना : तुमने उसे पहचाना नहीं है, कोन्स्तान्तिन! वह बड़े ऊँचे चरित्र का आदमी है।

त्रेपलेव : और जब उसे यह बताया गया कि मैं उसे चुनौती देने जा रहा हूँ तब उसकी चारित्रिक ऊँचाई कायरता के पीछे नहीं जा छिपी? अब वह भागा जा रहा है। काला मुँह कर रहा है।

आर्कदीना : क्या बकते हो? मैं ही तो उससे जाने को कह रही हूँ।

त्रेपलेव : वाह ! कैसा ऊँचा चरित्र है! यहाँ हम और तुम उसे लेकर झगड़ रहे हैं, और हो सकता है वह बैठक या बगीचे में बैठा-बैठा हमारी हँसी उड़ा रहा हो...नीना को उकसा रहा हो, उसे समझा रहा हो कि वह कैसी प्रतिभाशालिनी है।

आर्कदीना : मुझसे यह सब भद्दी बातें करने में तुम्हें मज़ा आता है? मेरे दिल में उस आदमी के लिए इज़्ज़त है। मैं विनती करती हूँ, मेरे सामने उसे गालियाँ मत दो...।

त्रेपलेव : मगर मेरे दिल में उसके लिए रत्ती-भर भी इज़्ज़त नहीं है। तुम मुझसे मनवाना चाहती हो कि वह सचमुच प्रतिभाशाली है। माफ़ करना, मैं झूठ नहीं बोलूँगा, उसकी किताबें देखकर मुझे कोफ़्त होती है।

आर्कदीना : इसी को तो जलन कहते हैं। अपने मुँह मियाँ-मिट्ठू बनने वालों से तो खुदा भी नहीं बचा। खुद तो उनमें प्रतिभा होती नहीं, लेकिन सच्चे प्रतिभाशालियों की टाँग ज़रूर खींचते हैं। मैं तो कहूँगी, उन्हें इसी में आनन्द आता है।

त्रेपलेव : **(व्यंग से)** सच्ची प्रतिभा! **(गुस्से से)** मुझमें जितनी प्रतिभा है, तुम सबमें मिलाकर नहीं होगी। **(सिर की पट्टी फाड़ फेंकता है)** तुम...तुम लोगों ने अपनी सड़ी-गली रूढ़ियों से कला की सारी शक्ति और प्राण चूस डाला है। जो कुछ तुम लोग कर सकते हो, वही तुम्हारे लिए सबसे बड़ा सच है, वही सबसे सही है। तुम लोग बाक़ी हर चीज़ का गला घोटकर उसे कुचल डालना चाहते हो। मुझे तुम्हारी इन बातों में कोई आस्था नहीं है! मुझे तुम्हारी और उसकी बातों पर रत्ती-भर विश्वास नहीं है।

आर्कदीना : तुम दिवालिये और पतनोन्मुख हो...!

त्रेपलेव : जाओ, तुम अपने उसी सुन्दर थियेटर में जाओ, और उन्हीं औंधे-सीधे नाटकों में एक्टिंग करो।

आर्कदीना : मैं ऐसे किसी भी नाटकों में एक्टिंग नहीं करती। चला जा मेरे सामने से। दो उल्टे-सीधे दृश्य तक तो तुझसे लिखे नहीं जाते। तू बस 'कीव' का बनिया है। दूसरों के सिर रहने वाला।

त्रेपलेव : कंजूस!

आर्कदीना : भिखमंगे!

[त्रेपलेव बैठकर चुपचाप रोता रहता है।]

आर्कदीना : पिद्दी न पिद्दी का शोरवा (**गुस्से में इधर-उधर घूमती है**) रो मत...मैं कहती हूँ मत रो (**रोने लगती है**) चुप हो जा...(**उसका माथा, गाल और सिर चूमती है**) मेरे बेटे...मुझे माफ़ कर दे...अपनी पतिता माँ को माफ़ कर दे! मुझे माफ़ कर दे...तू तो जानता ही है, मैं कैसी बुरी हूँ...।

त्रेपलेव : (**उसे बाँहों में भरकर**) काश! तुम जानतीं। मेरा सब कुछ लुट गया। नीना अब मुझे प्यार नहीं करती...और मैं कुछ भी लिख नहीं पाता...मेरी सारी उम्मीदें बुझ गईं...।

आर्कदीना : यों दिल मत तोड़ो...सब ठीक हो जाएगा–अभी तो वह यहाँ से जा ही रहे हैं। नीना तुम्हें फिर प्यार करने लगेगी–(**आँसू पोंछ लेती है**) अब, बस बहुत हो चुका...हम लोगों में सुलह हो गई...।

त्रेपलेव : (**उसके हाथ चूमकर**) अच्छा अम्मा।

आर्कदीना : (**प्यार से**) उनसे भी जाकर हाथ मिला लो। अब तो तुम द्वन्द्व नहीं चाहते न?

त्रेपलेव : अच्छी बात है...बस, अम्मा तुम मुझे उसके सामने मत पड़ने दो...उससे मिलना मेरे लिए बड़ा दुःखदाई है...मेरे भीतर आग लग जाती है... (**त्रिगोरिन का प्रवेश**) देखो वह आ गया...मैं अब चलता हूँ...(**जल्दी से पट्टी बाँधने का सामान अलमारी में रख देता है**) अब डॉक्टर साहब ही आकर पट्टी बाँध देंगे।

त्रिगोरिन : (**एक किताब में पढ़ते हुए**) पृष्ठ एक सौ इक्कीस...ये रही ग्यारहवीं और बारहवीं लाइनें...(**पढ़ता है**) 'अगर तुम्हें कभी मेरे प्राणों की जरूरत पड़े तो आना और निस्संकोच ले लेना'...।

[त्रेपलेव फर्श से पट्टी उठाकर चला जाता है।]

आर्कदीना : (**अपनी घड़ी देखकर**) घोड़े आने ही वाले हैं...।

त्रिगोरिन : (**स्वगत**) 'अगर तुम्हें कभी मेरे प्राणों की जरूरत पड़े तो आना और निस्संकोच ले लेना।'

आर्कदीना : मेरा ख़याल है, तुम्हारा सामान तो बँध ही गया होगा।

त्रिगोरिन : (**अधीरता से**) हाँ-हाँ (**विचारों में डूबे हुए**) उस निष्पाप आत्मा की आवाज़ मुझे छूकर क्यों इतना उदास कर गई है, जैसे कोई मेरे हृदय को निर्ममता से मरोड़े दे रहा है–'अगर तुम्हें कभी मेरे प्राणों की जरूरत पड़े तो आना और निस्संकोच ले लेना...।' (**आर्कदीना से**) एक दिन और नहीं रुक सकते हम लोग?

[**आर्कदीना सिर हिलाती है।**]

त्रिगोरिन : रुक जाओ न?

आर्कदीना : प्रियतम, मुझे मालूम है तुम्हें यहाँ कौन खींच रहा है। पर अपने आपको थोड़ा सँभालो। तुम होश में नहीं हो, ज़रा समझदारी से काम लेने की कोशिश करो।

त्रिगोरिन : मैं कहता हूँ—तुम भी तो ज़रा-सा गम्भीर, समझदार और उदार बनने की कोशिश करो। सच्चे दोस्त की तरह मेरी बात पर ग़ौर करो **(उसका हाथ दबाकर)** तुम तो बहुत उदार हो। मेरी भलाई के लिए मुझे छोड़ दो...।

आर्कदीना : **(तीव्र क्रोध से)** ऐसे पागल हो रहे हो, तुम उसके पीछे?

त्रिगोरिन : मैं अपने को रोक नहीं पाता। वह मेरे सपनों की, आकांक्षाओं की साकार प्रतिमा है।

आर्कदीना : उस गँवार लड़की से प्यार? हाय, तुम्हें अपना ज़रा भी ख़याल नहीं?

त्रिगोरिन : कभी-कभी लोग सोते हुए बोलते रहते हैं...मुझे भी ठीक वैसा ही लग रहा है। मैं बातें तुमसे कर रहा हूँ, लेकिन जैसे सो रहा होऊँ और केवल उसके ही सपने देख रहा होऊँ...उन मीठे मधुर सपनों ने मुझे बाँध लिया है...। मुझे मुक्त कर दो...।

आर्कदीना : **(काँपते हुए)** नहीं-नहीं ! मैं एक मामूली औरत हूँ। मुझसे यह सब मत कहो। मुझे मत सताओ बोरिस, मेरे प्राण सूखे जा रहे हैं...।

त्रिगोरिन : तुम अगर चाहो तो असाधारण भी बन सकती हो? जीवन में अगर कोई चीज़ खुशी दे सकती है तो वह केवल प्यार है—जवानी की उमंगों, माधुर्य और कवित्व से लहलहाता प्यार, जो आदमी को सपनों की दुनिया में पहुँचा देता है। मैंने कभी नहीं जाना ऐसा प्यार...अपनी जवानी में तो मुझे कभी फुर्सत ही नहीं मिली—बस वही अभावों से लड़ना और इस सम्पादक के दफ्तर से उस सम्पादक के दफ्तर में चक्कर लगाना...अब आया है वह अलौकिक प्यार—मुझे निमन्त्रण दे रहा है। उससे मुँह मोड़कर भागना कहाँ की बुद्धिमानी है?

आर्कदीना : **(गुस्से से)** तुम पागल हो गए हो।

त्रिगोरिन : आख़िर क्यों न होऊँ?

आर्कदीना : आज क्या तुम सबने मिलकर मुझे घोट-घोटकर मारने का ही निश्चय कर लिया है? **(रोती है)**

त्रिगोरिन : **(अपनी छाती दबाकर)** तुम कुछ नहीं समझतीं...तुम समझोगी भी नहीं...।

आर्कदीना : मैं ऐसी बुड्ढी और बदसूरत हो गई कि मेरे सामने दूसरी औरत की

बातें करते तुम्हें कोई लिहाज़ नहीं! **(अपनी बाँहें उसके गले में डालकर चुम्बन लेती है)** हाय, तुम कैसी पागलों-सी बातें करते हो...मेरे राजा...प्रियतम...तुम ही तो मेरे जीवन के आख़िरी अध्याय हो **(उसके पैरों पर झुकती है)** मेरे सुख, मेरे गौरव, मेरे आनन्द **(उसके पैरों को बाँहों में कस लेती है)** अगर तुम घंटे-भर को भी मुझे छोड़ जाओगे तो मैं प्राण त्याग दूँगी...मेरे मोहन, मेरे नाथ, मेरे स्वामी...मैं पागल हो जाऊँगी...।

त्रिगोरिन : कोई आ जाएगा। **(उसे उठने के लिए सहारा देता है)**

आर्कदीना : आने दो...तुम्हारे लिए अपने प्रेम पर मुझे कोई लाज नहीं है। **(उसके हाथ चूमती है)** मेरी निधि, मेरे रूठे साथी, तुम पागलपन करने जा रहे हो...लेकिन मैं करने नहीं दूँगी यह सब...मैं नहीं सह पाऊँगी...**(हँसती है)** तुम मेरे हो...मेरे...तुम्हारा यह माथा मेरा है, ये आँखें मेरी हैं...ये रेशमी प्यारे-प्यारे बाल मेरे हैं...तुम्हारा अंग-अंग मेरा है...तुम कितने प्रतिभावान हो, कलाकार हो, नए लेखकों में सर्वश्रेष्ठ—रूस की एकमात्र आशा! तुममें कितनी सचाई, सरलता, ताज़गी और ज़िन्दादिली है... एक लाइन में तुम आदमी या दृश्य की खूबियाँ उतार देते हो—कि तुम्हारे चरित्र बोलने लगते हैं...। तुम्हें पढ़कर आदमी भीतर से खिल उठता है। समझते हो मैं झूठी प्रशंसा कर रही हूँ, तुम्हारी चापलूसी कर रही हूँ...लेकिन मेरी आँखों में देखो, मैं झूठ बोलती लग रही हूँ? सुनो, सिर्फ़ मैं ही तुम्हारी सच्चे दिल से तारीफ़ कर सकती हूँ—सच-सच कह सकती हूँ! मेरे जीवनधन, एकमात्र प्रियतम...चलोगे न! बोलो हाँ। मुझे छोड़ोगे तो नहीं!

त्रिगोरिन : मेरी अपनी कोई इच्छा नहीं है।...मेरी अपनी कोई इच्छा नहीं रही...दुबला-पतला, मरियल, गन्दा हमेशा मिमियाता-सा मैं—कोई औरत कैसे ऐसे आदमी पर मर सकती है? मुझे ले चलो, मुझे यहाँ से दूर ले जाओ...लेकिन मुझे अपने पास से एक क़दम मत हटने देना।

आर्कदीना : **(स्वगत)** अब कहाँ जाओगे छूटकर। **(ऐसी स्वाभाविकता से जैसे कुछ हुआ ही न हो)** अगर सचमुच तुम चाहते ही हो, और चलने का मन न हो तो रुक जाओ—मैं अकेली चली जाऊँगी। तुम बाद में आ जाना—एक हफ़्ते बाद आ जाना? आख़िर तुम्हें ऐसी जल्दी भी क्या है?

त्रिगोरिन : नहीं, हम लोग साथ ही चलेंगे।

आर्कदीना : जैसी तुम्हारी इच्छा...साथ ही चलेंगे।

[चुप्पी]

[**त्रिगोरिन कुछ लिखता है।**]

त्रिगोरिन : आज सुबह मैंने एक बड़ा अच्छा वाक्य सुना—"अप्सरा उपवन" शायद किसी काम आ जाए। (**अँगड़ाई लेता है**) तो हमें जाना है? फिर वही रेल के डिब्बे, स्टेशन, उपाहार-गृह, मटन-चॉप—ग़प्पें...।

शार्मयेव : (**प्रवेश करके**) मुझे बड़े अफ़सोस के साथ ख़बर देनी पड़ती है कि घोड़े तैयार हैं। (**आर्कदीना से**) स्टेशन रवाना होने का समय हो गया है। गाड़ी दो बजकर पाँच मिनट पर आ जाती है...। इरीना निकोलायेव्ना, मेहरबानी करके मेरा सिर्फ़ एक काम कर दीजिए, एक्टर सुल्दात्सेव का क्या हुआ—यह पता लगाना न भूलिए...वह अब भी जिन्दा और स्वस्थ है क्या ? एक वक़्त था जब हम लोग साथ-साथ शराब पिया करते थे...। "लुटी हुई रेल" में क्या गज़ब का काम करता था वह! मुझे याद है, उन दिनों दुःख का पार्ट करने वाला था इज्म्यालोव। वह 'एलिज़्वेथ गार्ड थियेटर' में हमेशा उसके साथ ही काम करता था...। देखिए अभी इतनी जल्दी मत कीजिए...पाँच मिनट और न चलें तो भी कोई नुक़सान नहीं है...हाँ, तो एक बार एक मैलोड्रामा में वे लोग जालसाजों का अभिनय कर रहे होते हैं। तभी अचानक उनका भंडाफोड़ हो जाता है। इज़्म्यालोव को कहना था—"हम लोग जाल में फँस गए"...लेकिन कहा उसने—"हम लोग ताल में धँस गए!" (**हँसता है**) 'ताल में धँस गए!'

[**उसके बात करने के समय याकोव सामान को लेकर व्यस्त दिखाई देता है। नौकरानी, आर्कदीना को उसका टोप, कोट, छाता और दस्तानें लाकर देती है। उसे यह सब चीज़ें पहनाने में सभी मदद करते हैं। रसोइया बाईं ओर के दरवाज़े पर दिखाई देता है—और कुछ झिझक के बाद भीतर आ जाता है। पहले पोलिना आन्द्रेव्ना, फिर सोरिन और मैद्वीद्वेंको का प्रवेश।**]

पोलिना : (**एक डलिया लाती है**) रास्ते के लिए ये थोड़े से बेर हैं...बड़े मीठे हैं...रास्ते में कुछ अच्छी चीज़ें खाकर शायद आपका मन प्रसन्न रहे...।

आर्कदीना : पोलिना आन्द्रेव्ना, तुम बड़ी अच्छी हो।

पोलिना : नमस्कार बहन! अगर कुछ आपके मन मुताबिक न हो पाया हो तो माफ़ कीजिए...। (**रो पड़ती है**)

आर्कदीना : सब कुछ बड़ा ही अच्छा रहा—बहुत ही अच्छा! मगर रोओ तो नहीं।

पोलिना : समय कैसे चुपचाप खिसक जाता है।

आर्कदीना : उसमें हमारा वश क्या है?

सोरिन : **(भारी-सा कोट पहने, शॉल लपेटे है। सिर पर टोप और हाथ में छड़ी लिए हुए बाईं ओर से प्रवेश करता है। पूरा मंच पार करके)** बहन, चलने का वक़्त हो गया, वर्ना तुम्हें ही देर जो जाएगी...मैं ताँगे में जाकर बैठता हूँ। **(जाता है)**

मैद्वीदैंको : स्टेशन तक मैं भी साथ चलूँगा...आप लोगों को विदा देने को मैं अभी वहाँ पहुँचता हूँ... ।**(जाता है)**

आर्कदीना : अच्छा सभी लोगों को मेरा नमस्कार...अगर ज़िन्दा और चंगे रहे तो फिर अगली गर्मियों में मिलेंगे...**(नौकरानी, रसोइया और याकोव उसके हाथ को चूमते हैं)** मुझे भूल मत जाना **(रसोइए को एक रूबल देती है)** यह तुम तीनों के लिए एक रूबल है।

रसोइया : हम लोगों की ओर से बहुत-बहुत शुक्रिया बीबी जी। आपका सफ़र अच्छा कटे—आपकी कृपा के हम सभी अहसानमन्द हैं।

याकोव : भगवान् आपको सुखी रखे।

शार्मयेव : आपका पत्र पाकर हमें बड़ी ही खुशी होगी। बोरिस अलेक्सीविच, प्रणाम!

आर्कदीना : त्रेपलेव कहाँ है? उससे कहो मैं जा रही हूँ। अरे उससे तो मिल लूँ। अच्छा भाई, मेरे बारे में दिल में मलाल मत रखना। **(याकोव से)** मैंने रसोइए को एक रूबल दे दिया है—वह तुम तीनों का है।

[सब दाहिनी ओर चले जाते हैं। मंच ख़ाली है। नेपथ्य में लोगों को विदा देने वाला जाना-पहचाना शोरगुल। महरी मेज़ पर रखी बेरों की डलिया लेने आती है और लेकर चली जाती है।]

त्रिगोरिन : **(लौटकर)** अपनी छड़ी तो मैं भूल ही गया। शायद बाहर बरामदे में छूट गई है। **[जाने लगता है कि बाईं ओर के दरवाज़े पर भीतर आती हुई नीना से मिलता है]** अरे तुम यहाँ हो? सुनो हम लोग जा रहे हैं... ।

नीना : मेरे मन में आया कि एक बार हम लोग फिर एक-दूसरे से मिल लें...**(आवेश से)** बोरिस अलेक्सीविच, मैंने अब ठान लिया है...पाँसा फेंककर भी देखा था। अब मैं रंगमंच की ही होकर रहूँगी...कल यहाँ से चली जाऊँगी...मैं अपने पिता जी का भी साथ छोड़ रही हूँ...सब कुछ छोड़े जा रही हूँ। एकदम नई ज़िन्दगी शुरू कर रही हूँ। मॉस्को ही आ रही हूँ। हम लोग वहीं मिलेंगे।

त्रिगोरिन : **(इधर-उधर देखकर)** स्लाव्यांस्की बाज़ार में ठहरना, फ़ौरन ही मुझे ख़बर देना...मोल्वोनोका, ग्रोखोलोव्स्की भवन...मैं इस वक़्त बहुत जल्दी में हूँ।

[चुप्पी]

नीना : सिर्फ़ एक मिनट और...।

त्रिगोरिन : (बड़े दबे स्वर में) कितनी सुन्दर हो तुम...ओह, हम लोग जल्दी ही फिर मिलेंगे यह सोचकर कैसा आनन्द हो रहा है...(**उसकी छाती पर सिर रखकर नीना रो पड़ती है**) इन जादू-भरी अद्‌भुत रतनारी आँखों को मैं फिर देखूँगा...यह मन्द-मन्द मोहक मधुर मुस्कान...यह प्यारा-प्यारा मुखड़ा, यह स्वर्गीय पवित्रता की छाप...मेरी प्राण...।

[एक गहरा व्यस्त चुम्बन।]

[पर्दा गिरता है।]

अंक : चार

[सोरिन के घर की बैठक को अब त्रेपलेव के अध्ययन कक्ष के रूप में बदल दिया गया है। दाहिनी और बाईं ओर के दरवाज़े अन्दर कमरों में गए हैं। सामने बीच में शीशों का जंगला बरामदे में खुलता है। बैठक के साधारण फर्नीचर के अलावा बाईं ओर के दरवाज़े के पास एक कोने में लिखने की मेज़, एक सोफ़ा, किताबों की अलमारी, खिड़की तथा कुर्सियों पर किताबें। सन्ध्या का समय। सिर्फ़ एक ही शेड वाला लैम्प जल रहा है। कमरे की रोशनी बड़ी धुँधली है। ऊपर की चिमनियों से पेड़ों के सरसराने और तेज़ आँधी की गर्जन सुनाई देती है। चोरों को डराने के लिए एक चौकीदार ज़ोर-ज़ोर से कनस्तर पीटता सुनाई दे रहा है।]

[मैद्वीद्वेंको और माशा का प्रवेश।]

माशा : **(पुकारती है)** कोन्स्तान्तिन ग्राविलिच! कोन्स्तान्तिन ग्रोविलिच **(इधर-उधर देखकर)** नहीं...यहाँ तो कोई भी नहीं है। बुड्ढा हर मिनट बस यही रट लगाए रहता है, कोस्त्या कहाँ है, कोस्त्या कहाँ है। बिना उनके उससे रहा ही नहीं जाता।

मैद्वीद्वेंको : अकेलेपन से वह डरता है **(आवाज़ सुनकर)** कैसा ख़राब मौसम है। पूरे दो दिन होने आ रहे हैं इसे...।

माशा : **(लैम्प घुमाती हुई)** झील में लहरें उठ रही हैं—बड़ी-बड़ी लहरें।

मैद्वीद्वेंको : बगीचे में कैसा अन्धकार है। हमें उन लोगों से कह देना था कि बगीचे के स्टेज को अब तोड़-ताड़ डालें। हड्डियों के ढाँचे की तरह नंगा और मनहूस-सा खड़ा है...पर्दे हवा में फड़फड़ा रहे हैं। कल शाम मैं वहाँ से गुज़र रहा था तो ऐसा लगा जैसे वहाँ बैठा कोई सिसक-सिसककर रो रहा हो...।

माशा : अच्छा, अब और क्या करना है हमें?

[चुप्पी]

मैद्वीद्वेंको : चलो, घर चलें माशा।

माशा : **(सिर हिलाकर)** मैं तो आज रात-भर यहीं रहूँगी।

मैद्वीद्वेंको : **(खुशामद के स्वर में)** चली चलो न माशा! मुन्ना भूखा होगा।

माशा : न...नहीं। मियोना सब उसे खिला-पिला देगी।

[चुप्पी]

मैद्वीद्वेंको : मुझे तो उस पर बड़ा तरस आ रहा है। बेचारे को बिना माँ के तीन दिन हो गए।

माशा : अच्छी आफ़त है। पहले तुम कम-से-कम और चीज़ों पर भी तो बोलते थे—अब तो बस, वही बच्चा, घर, बच्चा...। कब तक कोई तुमसे यही-यही सुने जाए।

मैद्वीद्वेंको : मानो माशा, चली चलो।

माशा : तुम जाओ न।

मैद्वीद्वेंको : तुम्हारे बापू मुझे जाने को घोड़ा नहीं देंगे।

माशा : नहीं, वे दे देंगे। तुम पूछ लेना बस, वे ज़रूर दे देंगे।

मैद्वीद्वेंको : अच्छी बात है—मैं पूछ लूँगा। तुम कल तो आ रही हो न?

माशा : हाँ-हाँ कल **(चुटकी भरकर सुँघनी चढ़ाती है)** तुम तो मेरी नाक में दम ही किए रहते हो।

[त्रेपलेव और पोलिना आन्द्रेव्ना का प्रवेश। त्रेपलेव रजाई और तकिए लिए है, पोलिना चादर और गिलाफ़। वे उन्हें सोफ़े पर रख देते हैं। फिर त्रेपलेव मेज़ के पास जाकर बैठ जाता है।]

माशा : अम्मा, यह किसके लिए है?

पोलिना : प्योत्र निकोलायेविच ने कहा है कि उनका बिस्तर भी कोस्त्या के कमरे में ही बिछेगा।

माशा : मैं बिछाती हूँ। **(बिस्तर बिछाती है)**

पोलिना : **(आह भरकर)** ये बुड्ढे भी बिल्कुल बच्चों जैसे हो जाते हैं। **(लिखने की मेज़ के पास पहुँचकर उस पर कुहनियाँ टिकाकर झुकते हुए एक पांडुलिपि को देखती रहती है)**

[चुप्पी]

मैद्वीद्वेंको : अच्छा, तो फिर मैं चलता हूँ। अच्छा माशा, नमस्कार। **(अपनी पत्नी का हाथ चूमता है)** नमस्कार माता जी। **(अपनी सास का हाथ चूमना चाहता है)**

पोलिना : **(खीझ से)** ठीक है, ठीक है; जाना ही है तो अब देर मत करो।

मैद्वीद्वेंको : नमस्कार कोन्स्तान्तिन गाव्रिलिच।

[त्रेपलेव बिना कुछ बोले हाथ उठा देता है। मैद्वीद्वेंको चला जाता है।]

पोलिना : **(पांडुलिपि को देखते हुए)** कोस्त्या, कोई सोच सकता था कि एक दिन तुम सचमुच लेखक बन जाओगे? अब तो भगवान् की कृपा से तुम्हें पत्रिकाओं से रुपये भी मिलने लगे हैं। **(उसके बालों पर**

हाथ फेरकर) और अब तो तुम देखने में भी अच्छे-खासे लगने लगे हो...अच्छे कोस्त्या, बेटा, बस, मेरी बेटी माशा पर ज़रा मेहरबानी रखना... ।

माशा : **(बिस्तर बिछाते हुए ही)** अम्मा उनके पास के चली आओ न।

पोलिना : **(त्रेपलेव)** यह बिचारी बड़ी भोली है। **(चुप रहकर)** तुम तो खुद समझते ही हो कोस्त्या, आदमी की नज़र सीधी रहे तो फिर औरत कुछ भी नहीं चाहती। मैं तो खुद भोगे बैठी हूँ। **(त्रेपलेव मेज़ से उठकर बिना कुछ बोले बाहर चला जाता है)**

माशा : लो, उन्हें नाराज़ कर दिया न। तुम्हें उन्हें तंग करने की क्या पड़ी थी।

पोलिना : माशेंका, तेरे ऊपर मुझे बड़ा तरस आता है।

माशा : बस-बस अब रहने दो।

पोलिना : मेरे दिल में तेरे लिए बड़ी कलक है बेटी। तू तो जानती ही है, मैं सब देखती हूँ–सब समझती हूँ... ।

माशा : यह सब बेवकूफ़ी की बातें हैं। बिना किसी उम्मीद के प्यार करते जाओ–ये सब बातें उपन्यासों में ही होती हैं। इससे आता-जाता क्या है? आदमी को चाहिए कि हाथ पर हाथ रखकर न बैठ जाए। कुछ होगा, कुछ होगा, इसी आशा में न रहे...ज्वार उतर जाने की राह देखता रहे...और जब प्यार की जड़ें हृदय में बहुत ही गहरी पैठ जाएँ तो उन्हें उखाड़ फेंके। अधिकारियों ने मेरे पति का दूसरे ज़िले में तबादला करने का वचन दे दिया है...तुम देखना, वहाँ जाते ही मैं सब भूल-भाल जाऊँगी...इस सबको अपने दिल से नोंचकर फेंक दूँगी।

[दो कमरों के पार एक बड़ा उदास-सा संगीत बजता है।]

पोलिना : कोस्त्या ही बजा रहा है...ज़रूर उसके मन में भी बड़ा दर्द है।

माशा : **(चुपचाप संगीत पर दो-एक क़दम नाचती है)** अम्मा, यह हमेशा मेरी आँखों के सामने न रहें, इतना ही मेरे लिए काफ़ी है...विश्वास मानो, अगर वे मेरे सिमियन का सिर्फ़ तबादला कर दें तो महीने-भर में मैं अपने को एकदम सँभाल लूँगी। ये सब प्रेम-प्यार, बेकार की बातें हैं।

[बाईं ओर का दरवाज़ा खुलता है। दोर्न और मैद्वीद्वेंको, सोरिन को उसकी कुर्सी पर धकेलते लाते हैं।]

मैद्वीद्वेंको : वे छहों अब मेरे पास हैं। और आटा आजकल दो कॉपेक पाउंड है।

दोर्न : आम के आम और गुठलियों के दाम बनाने के लिए काफ़ी चलता-पुर्जा

होने की ज़रूरत है।

मैद्वीदैंको : आप तो इस बात पर हँसेंगे ही। आपके पास तो पैसा भरा पड़ा है। आपको यही नहीं पता कि पैसे का क्या करें...।

दोर्न : पैसा? भाई मेरे, तीस साल रगड़ने के बाद! उन दिनों मैंने रात को रात और दिन को दिन नहीं जाना। अपनी जान को अपना नहीं समझा—और तब जाकर कहीं मैंने हज़ार रूबल बचाए थे सो अभी जब बाहर गया तो फूँक आया। अब मेरे पास क्या रखा है?

माशा : **(अपने पति से)** तुम गए नहीं?

मैद्वीदैंको : **(अपराधी के स्वर में)** तुम्हीं बताओ, जब कोई मुझे घोड़ा ही नहीं देगा तो कैसे जाऊँगा?

माशा : **(दबी ज़बान में, बुरी तरह झल्लाकर)** मैं तुम्हारी सूरत नहीं देखना चाहती!

[पहियों वाली कुर्सी कमरे के बाईं ओर बीच में रहती है। पोलिना, माशा और दोर्न उसके आस-पास बैठ जाते हैं। मैद्वीदैंको उदास और दुःखी-सा उनसे ज़रा हटकर खड़ा है।]

दोर्न : यहाँ सब कुछ कितना बदल गया है। बैठक को पढ़ने का कमरा बना दिया गया है।

माशा : यहाँ कोन्स्तान्तिन गाव्रिलिच को काम करने में काफ़ी सुविधा रहती है। जब भी मन करता है बाग़ में टहलने चले जाते हैं—वहाँ चिन्तन कर सकते हैं।

[चौकीदार कनस्तर बजाता है।]

सोरिन : बहन कहाँ है?

दोर्न : वे स्टेशन पर त्रिगोरिन से मिलने गई हैं। अभी सीधी वापस आ जाएँगी।

सोरिन : जब तुमने मेरी बहन को बुला लेना ज़रूरी समझा है, इसका मतलब है मेरी बीमारी ख़तरनाक है। **(कुछ देर चुप रहकर)** कैसी अनोखी बात है, मेरी बीमारी ख़तरनाक है और देखो, कोई मुझसे दवा खाने की बात भी नहीं पूछ रहा।

दोर्न : अच्छा, कौन-सी दवा लेंगे? अर्क-धतूरा? सोडा? कुनैन?

सोरिन : डॉक्टर, तुमने फिर वही अपनी-अपनी लगाई? मेरी तो जान मुसीबत में कर डाली। **(सोफ़े पर बिछे बिस्तर की ओर इशारा करके)** मेरे लिए यही बिस्तर है क्या?

पोलिना : जी हाँ, यह आपका ही है प्योत्र निकोलायेविच।

सोरिन : शुक्रिया।

दोर्न : **(गुनगुनाता है)** "रात आधी है कि चन्दा तैरता आकाश में।"

सोरिन : मैं कोस्त्या को एक कहानी का विषय देना चाहता हूँ। उसका नाम होना चाहिए 'महत्त्वाकांक्षी मनुष्य'। जवानी के दिनों में मैं साहित्यिक होना चाहता था—लेकिन हो नहीं पाया। अच्छा भाषणकर्ता बनना चाहता था, लेकिन बोलता था तो ऐसा कि रोना आए **(अपना मज़ाक उड़ाते हुए)** "और भी इसी प्रकार की बातें...वग़ैरा...वग़ैरा...।" बोलते-बोलते मैं पसीने से लथपथ हो जाता था, अपनी बातों को जैसे-तैसे समेट पाता था और पसीने-पसीने हो जाता था। मैं शादी करना चाहता था, लेकिन कर नहीं सका। मैंने हमेशा शहरों में रहना चाहा, लेकिन अब अपनी ज़िन्दगी को यहाँ झोंके दे रहा हूँ... वग़ैरा...वग़ैरा...।

दोर्न : यह भी तो जोड़िए न कि मैं सरपंच होना चाहता था और सरपंच हो गया।

सोरिन : **(हँसता है)** इसके पीछे तो मैं कभी नहीं पड़ा। यह तो अपने आप ही हो गया।

दोर्न : आप जानते हैं, साठ साल की उम्र पाकर जब देखो तब असन्तोष दिखाते रहना आपको शोभा नहीं देता।

सोरिन : अजब ज़िद्दी आदमी हो जी। अरे, यह भी तो सोचो कि हर कोई ज़िन्दा रहना चाहता है।

दोर्न : अरे साहब, बेवकूफ़ी तो यही है। यह तो क़ुदरती नियम है कि हर प्राणी का अन्त होता है।

सोरिन : तुम तो ऐसे आदमी की तरह बहस करते हो जिसे जीवन में सब कुछ मिल गया हो। तुम सन्तुष्ट हो, इसलिए जीवन की ओर से लापरवाह हो। तुम्हारे लिए किसी की भी अहमियत नहीं है। मैं कहता हूँ, इसके बावजूद तुम मरने को आसानी से तैयार नहीं होओगे।

दोर्न : मौत का भय तो एक पशु-प्रवृत्ति है। आदमी को इस पर विजय पानी चाहिए। मृत्यु का सच्चा और सही-सही भय तो धार्मिक लोगों को हो सकता है जो परलोक और पुनर्जन्म में विश्वास रखते हों, क्योंकि वहाँ अपने पापों का उन्हें दंड मिलेगा। और आप? पहली बात तो यह कि परलोक-वरलोक में आप विश्वास ही नहीं करते, आख़िर आपने ऐसा कौन-सा पाप किया होगा जिसे लेकर मन में प्ररेशानी हो? न्याय विभाग में आपने पच्चीस साल नौकरी की है—यही तो।

सोरिन : **(हँसकर)** अट्‌ठाईस!

[त्रेपलेव आकर सोरिन के पैरों के पास एक चौकी पर बैठ जाता है। माशा अपनी आँखें एकटक उसी पर जमाए रहती है।]

दोर्न : हम लोग कोन्स्तान्तिन गाव्रिलिच को काम नहीं करने दे रहे।

त्रेपलेव : नहीं-नहीं, ऐसी कोई बात नहीं।

मैद्वीद्वैंको : आपसे एक बात पूछूँ डॉक्टर साहब, आपको कौन-सा शहर सबसे अधिक अच्छा लगा?

दोर्न : जनेवा!

त्रेपलेव : जनेवा क्यों?

दोर्न : वहाँ की सड़कों पर क्या ग़जब की ज़िन्दगी है! संध्या को ज़रा आप होटल से निकलकर सड़कों पर जाइए—सारी सड़कें भीड़ से ठसाठस मिलेंगी। आप भीड़ में, निर्लक्ष्य टेढ़े-सीधे, आड़े-तिरछे चारों तरफ़ भटकते फिरेंगे...भीड़ के साथ साँस लेंगे—मानसिक रूप से एक होकर इस बात पर विश्वास कर उठेंगे कि 'विश्वात्मा' की बात सम्भव है—जैसे नीना जरेश्न्या ने तुम्हारे खेल में अभिनय किया था न...अरे हाँ, बात पर बात याद आई—आजकल वह कहाँ है? कैसी है आजकल?

त्रेपलेव : उम्मीद तो यही है कि एकदम ठीक-ठाक होगी।

दोर्न : मुझे किसी ने बताया था कि उसकी ज़िन्दगी कुछ अजीब हो गई है। क्या बात हो गई?

त्रेपलेव : डॉक्टर साहब, वह लम्बी कहानी है।

दोर्न : संक्षेप में ही बता दो।

[चुप्पी]

त्रेपलेव : वह घर से भाग गई थी और त्रिगोरिन के साथ उसका कुछ लफड़ा चलता रहा। इतना तो जानते हैं न?

दोर्न : हाँ, यह तो पता है।

त्रेपलेव : फिर वह माँ बनी। बच्चा मर गया; और जैसी कि उम्मीद थी, त्रिगोरिन उससे ऊब चुका था, इसलिए वह अपने पुराने सम्पर्कों में वापिस आ गया। सच पूछा जाए तो उसने उन्हें कभी छोड़ा ही नहीं था, बल्कि अपने उसी ढुल-मुल 'हाँ-नहीं' के ढंग पर दोनों नावों पर सवार रहता था। सुन-सुनाकर जो कुछ मैं समझ पाया हूँ वह यह कि अब नीना का व्यक्तिगत जीवन तो बिल्कुल चौपट ही समझिए।

दोर्न : और रंगमंच के जीवन का क्या हुआ?

त्रेपलेव : मेरे ख़याल से उसकी हालत और भी बुरी है। मॉस्को के पास, किसी ऐसे रद्दी-से थियेटर में जहाँ लोग छुट्टियाँ बिताने पहुँचते हैं, आप पहली बार जनता के सामने तशरीफ़ लाईं...और फिर गाँव-गाँव भटकती

फिरीं...इस पूरे दौरान मैंने उसे कभी भी आँखों से ओझल नहीं होने दिया। जहाँ-जहाँ वह गई, मैं भी पहुँचा। पार्ट वह हमेशा बड़े-बड़े ही लेती थी; लेकिन अभिनय बड़ा भोंडा, बिल्कुल नीरस, चीख़-चीख़कर और बुरी तरह मुँह बनाकर करती थी। कुछ क्षण ऐसे भी होते थे जब उसकी प्रतिभा खिलकर आती थी जैसे मंच पर रोने और मरने के दृश्यों में...लेकिन ग़नीमत बस वहीं तक थी।

दोर्न : तो क्या सचमुच उसमें 'प्रतिभा' थी?

त्रेपलेव : यह कहना तो बड़ा मुश्किल है। मेरा तो ख़याल है कि थी। मैं उसे देखता था लेकिन वह जानबूझकर आँखें चुरा लेती थी। नौकर लोग मुझे उसके होटल में जाने नहीं देते थे। मैं उसकी मानसिक अवस्था को समझता था और कभी मिलने का हठ नहीं करता था **(रुककर)** इससे ज़्यादा और क्या बताऊँ? बाद में, जब मैं घर लौट आया, तो उसके कुछ पत्र मिले...बड़े प्यारे, समझदारी से भरे दिलचस्प पत्र! वह ख़ुद कभी इस बात को मुँह पर नहीं लाई लेकिन महसूस उसे भी होता रहा कि वह भीतर दिल की गहराई में कहीं व्यथित है...। उसकी हर लाइन में उसकी दुःखती और चटखती रगें बोलती थीं। जैसे उसकी कल्पना की धुरी खो गई हो। अपने हस्ताक्षरों की जगह हंसनी बना देती है। पुश्किन की ''मत्स्यकन्या' में पनचक्की वाला हमेशा कहता है—'मैं कौआ हूँ, मैं कौआ हूँ', इसी तरह वह अपने पत्रों में हमेशा लिखती है—मैं 'हंसनी हूँ'...अब वह लौट आई है।

दोर्न : यहाँ...? तुम्हें कैसे मालूम?

त्रेपलेव : इसी क़स्बे में एक सराय में ठहरी है। पिछले पाँच दिन से यहीं है। मैं उससे मिलने गया था। मार्या इल्यिनिश्ना भी गई थीं, लेकिन अब वह तो किसी से भी नहीं मिलना चाहती...। सिमियन सिमोनोविच बताते थे कि उन्होंने एक दिन दोपहर बाद उसे क़स्बे से डेढ़ मील दूर एक खेत में देखा था।

मैद्वीद्वेंको : जी हाँ—मैंने देखा था। वह क़स्बे की तरफ़ जा रही थी। मैंने झुककर नमस्कार भी किया, पूछा हम लोगों से मिलने क्यों नहीं आ रहीं? बोली, 'आऊँगी कभी'।

त्रेपलेव : वह नहीं आएगी। **(चुप रहकर)** उसके बाप और सौतेली माँ ने उसे अपना कुछ भी मानने से इंकार कर दिया है। उन्होंने चौकीदार बैठा दिया है कि वह घर के पास तक न फटकने पाए **(डॉक्टर के साथ-साथ लिखने की मेज़ तक जाता है)** डॉक्टर साहब, काग़ज़ पर फिलासफ़ी

बंधारना कितना आसान है, लेकिन जीवन कितना कठोर है!

सोरिन : लड़की बड़ी ही सुन्दर थी।

दोर्न : क्या कहा?

सोरिन : मैंने कहा, लड़की बड़ी सुन्दर थी। खुद सरपंच सोरिन साहब भी एक बार उसे प्यार करते थे।

दोर्न : वही पुराना पचड़ा।

[सोरिन की हँसी सुनाई देती है।]

पोलिना : मुझे लगता है, वे लोग स्टेशन से लौट आए।

त्रेपलेव : हाँ, बाहर अम्मा की ही आवाज़ लगती है।

[आर्कदीना, त्रिगोरिन और उनके साथ शार्मयेव का प्रवेश]

शार्मयेव : **(प्रवेश करते हुए)** आँधी-पानी में मुरझाते पेड़ की तरह हम लोग तो दिन-दिन बुड्ढे होते जा रहे हैं लेकिन **(आर्कदीना से)** आप बिल्कुल वैसी ही हैं...वही सोफ़ियाने रंगीन कपड़े का ब्लाउज़, वही उल्लास, वही रौब-शान...।

आर्कदीना : मुझे फिर से नज़र लगाना चाहते हो क्या? दुष्ट कहीं के।

त्रिगोरिन : प्योत्र निकोलायेविच, कैसे हैं आप? वैसे ही बीमार चले जा रहे हैं। यह तो अच्छी बात नहीं है। **(उमगकर माशा को देखते हुए)** और मार्या इल्यिनिश्ना आप?

माशा : मेरी अभी तक याद है आपको? **(हाथ मिलाती है)**

त्रिगोरिन : शादी हो गई?

माशा : बहुत पहले ही।

त्रिगोरिन : खुश तो हो? **(दोर्न और मैद्वीद्वैंको को ज़रा झुककर अभिवादन करता है फिर हिचकिचाता-सा त्रेपलेव के पास जाता है)** इरीना निकोलायेव्ना बता रही थीं कि तुमने सारी पुरानी बातें दिल से निकाल दी हैं—और अब मुझसे नाराज़ नहीं हो।

[त्रेपलेव उसका हाथ पकड़े रहता है।]

आर्कदीना : **(बेटे से)** बोरिस अलेक्सीविच वह पत्रिका लाए हैं जिसमें तुम्हानी नई कहानी छपी है।

त्रेपलेव : **(पत्रिका लेकर, त्रिगोरिन से)** शुक्रिया! आपने बड़ा कष्ट किया।

[बैठते हैं।]

त्रिगोरिन : तुम्हारे प्रशंसकों ने तुम्हें बधाइयाँ भेजी हैं। मॉस्को और पीटर्सबर्ग में तुम्हारी चीज़ों के लिए बड़ा उत्साह है। मुझसे लोग लगातार तुम्हारे बारे में पूछते रहते हैं। लोग पूछते हैं, तुम कैसे लगते हो, कितने बड़े हो, काले हो या गोरे। तुम हमेशा नक़ली नाम से लिखते हो न,

इसलिए कोई तुम्हारा असली नाम नहीं जानता ! तुम लोहे की दीवार की तरह रहस्यमय हो।

त्रेपलेव : कुछ दिनों ठहरेंगे न?

त्रिगोरिन : नहीं, मेरे हिसाब से कल मुझे मॉस्को लौट जाना चाहिए। लौटना बहुत ज़रूरी है। जल्दी ही अपना उपन्यास ख़त्म कर देना है। इसके अलावा एक संग्रह कहानियों के प्रकाशन का भी मैंने वचन दे दिया है। अरे सब वही पुरानी रफ़्तार है।

[जब ये लोग बातें करते हैं तो आर्कदीना और पोलिना कमरे के बीच में ताश खेलने की मेज़ ला रखती हैं। शार्मयेव मोमबत्ती जलाकर कुर्सियाँ ठीक करता है। अलमारी में से एक 'लोटो' (जुए का चक्कर) निकाल लिया जाता है।]

त्रिगोरिन : मौसम मेरे आने से ख़ास ख़ुश नहीं लगता, बड़ी भयानक आँधी है। कल सुबह तक अगर ठीक हो जाए तो मैं झील पर मछली पकड़ने जाऊँगा। मेरे मन में बाग़ और उस जगह को देखने की बड़ी इच्छा है जहाँ तुम्हारे नाटक का अभिनय हुआ था—तुम्हें याद है न! दिमाग़ में एक कहानी का प्लॉट है—और जहाँ यह कहानी घटित होती है उस दृश्य की सारी स्मृतियों को मैं फिर से दुहरा लेना चाहता हूँ।

माशा : **(पिता से)** बापू, मास्टर साहब को एक घोड़ा दे दीजिए न। उन्हें अब घर चला जाना चाहिए।

शार्मयेव : **(मज़ाक उड़ाकर)** घर जाना चाहिए—घोड़ा! **(तैश से)** तुम खुद ही देखो न, अभी तो घोड़े स्टेशन से लौटकर आए हैं। इस समय तो उन्हें मैं कहीं भी नहीं भेजूँगा।

माशा : और भी तो घोड़े हैं। **(अपने बाप को कुछ न बोलता देखकर, हाथ झटक देती है)** तुमसे तो किसी भी काम की उम्मीद नहीं।

मैद्वीदैंको : माशा, मैं पैदल जा सकता हूँ, वाक़ई...।

पोलिना : **(गहरी साँस लेकर)** ऐसे मौसम में पैदल! **(ताश खेलने की मेज़ के सहारे बैठती है)** अच्छा बन्धुओ, आइए।

मैद्वीदैंको : चार मील ही तो है। अच्छा नमस्कार! **(अपनी पत्नी के हाथ को चूमता है)** माता जी नमस्कार! **(उसकी सास बड़े बेमन से चुम्बन के लिए अपना हाथ उधर बढ़ा देती है)** अगर बच्चे की बात न होती तो मैं किसी को तंग न करता। **(सब लोगों को झुककर प्रणाम करता है)** अच्छा विदा...।

[बड़े हिचकिचाते से क़दमों से चला जाता है।]

शार्मयेव : सीधा चला जाएगा अपने आप। आख़िर कोई लाटसाहब तो है नहीं।

पोलिना : **(मेज़ पर हाथ थपथपाकर)** आओ भाइयो, क्यों बेकार वक़्त बरबाद किया जाए। फिर अभी हमें खाना खाने का बुलावा आ जाएगा।

[शार्मयेव, माशा और दोर्न मेज़ के चारों ओर बैठ जाते हैं।]

आर्कदीना : **(त्रिगोरिन से)** जब जाड़े की लम्बी-लम्बी सन्ध्याएँ आ जाती हैं–तो सब लोग यहाँ 'लोटो' खेलते हैं। देखो, जिस 'लोटो' से माँ बचपन में, हमारे साथ खेला करती थी यह वही 'लोटो' है। खाने से पहले एक बाज़ी खेलोगे? **(त्रिगोरिन के साथ मेज़ पर बैठती है)** देखने में यह खेल बड़ा नीरस-सा है; लेकिन ज़रा मन लग जाए तो इतना रूखा नहीं लगता।

[हरेक को तीन-तीन पत्ते बाँटती है।]

त्रेपलेव : **(पत्रिका के पन्ने पलटते हुए)** इन्होंने खुद तो अपनी कहानी पढ़ ली है, लेकिन मेरी कहानी के पन्ने भी नहीं चीरे हैं।

[पत्रिका को पढ़ने की मेज़ पर रख देता है, फिर बाईं ओर दरवाज़े की ओर जाता है। माँ के पास से गुज़रते हुए, माँ के सिर का चुम्बन लेता है।]

आर्कदीना : कोस्त्या, तुम नहीं खेलोगे?

त्रेपलेव : माफ़ करना माँ, मेरा मन नहीं कर रहा...मैं बाहर घूमने जा रहा हूँ...। **(जाता है)**

आर्कदीना : चाल दस कॉपेक की है। डॉक्टर साहब, ज़रा मेरी ओर से भी चल दीजिए।

दोर्न : अच्छी बात है।

माशा : सब कोई अपनी-अपनी चाल चल चुके? अब मैं शुरू करती हूँ : बाईस।

आर्कदीना : ठीक।

माशा : तीन।

दोर्न : ठीक।

माशा : तीन आपने चला? आठ! इक्यासी! दस।

शार्मयेव : ऐसे मत बौखलाओ।

आर्कदीना : हार्कोव में मेरा ऐसा शानदार स्वागत हुआ कि मज़ा आ गया। अब भी आनन्द से मेरा सिर चकरा रहा है।

माशा : चौंतीस।

[नेपथ्य में व्यथापूर्ण 'वाल्ज़' की धुनें बजती सुनाई देती हैं।]

आर्कदीना : विद्यार्थियों ने बाक़ायदा मेरा सत्कार किया...तीन डालियाँ भरकर फूल...दो मालाएँ और साथ में यह...**(गले में लगी जड़ाऊ पिन खोलकर मेज़ पर रखती है)**

शार्मयेव : हाँ, यह हुई कोई चीज़!

माशा : पचास।

दोर्न : पूरे पचास?

आर्कदीना : उस दिन मैंने बड़े शानदार कपड़े पहने थे। और कुछ चाहे मैं न जानती होऊँ, कम-से-कम कपड़े पहनने का सलीक़ा ज़रूर जानती हूँ।

पोलिना : कोस्त्या पियानो बजा रहा है—बेचारा बड़ा दुखी और व्यथित है।

शार्मयेव : अख़बारों में भी उन्हें भला-बुरा कहा गया है।

माशा : सतहत्तर।

आर्कदीना : अरे, यह भी कोई बात हुई। इतनी-सी बात पर उसे इतना ध्यान नहीं देना चाहिए।

त्रिगोरिन : असल में वह जम नहीं पाया है। अपनी लाइन पर उसने अभी ठीक से अधिकार नहीं प्राप्त किया। उसके लिखे में हमेशा कुछ अजीब, कुछ अस्पष्ट और कभी-कभी तो पागलपन-सा रहता है। किसी भी पात्र में ज़िन्दगी नहीं...।

माशा : ग्यारह।

आर्कदीना : **(सोरिन को इधर-उधर देखकर)** पैत्रूशा, आप तो बहुत उकता रहे होंगे? **(चुप रहकर)** यह तो सो गए।

दोर्न : असली सरपंच हमेशा सोता रहता है।

माशा : सात! नब्बे?

त्रिगोरिन : मैं भी अगर किसी ऐसी जगह, झील के किनारे रहता होता तो आप समझते हैं कुछ लिख पाता? मैं तो वहाँ के प्रभाव से ही ऐसा सम्मोहित हो जाता कि मछली पकड़ने के सिवा शायद दिन-भर कुछ भी न कर पाता।

माशा : अट्ठाईस?

त्रिगोरिन : झींगा मछली पकड़ने में कैसा मज़ा आता है।

दोर्न : आप चाहे जो कहें, मैं तो कोन्स्तान्तिन गाव्रिलिच की दाद देता हूँ। उसमें कुछ है, ज़रूर कुछ है उसमें! वह कल्पना-चित्रों के माध्यम से सोचता है...उसकी कहानियाँ बड़ी ही सजीव, और जानदार होती हैं—मैं तो उससे बुरी तरह प्रभावित हूँ। बुरी बात बस एक ही है कि उसका अपना कोई निश्चित लक्ष्य नहीं है। वह पाठक के हृदय में

प्रभाव पैदा तो कर लेता है, मगर ख़ाली प्रभाव को लेकर ही तो आप आगे नहीं बढ़ सकते। अच्छा, इरीना निकोलायेव्ना, तुम्हारा बेटा एक लेखक है इससे तुम्हें खुशी है?

आर्कदीना : कल्पना कर सकते हैं आप कि मैंने उसकी लिखी कोई चीज़ नहीं पढ़ी? कभी इतनी फुर्सत ही नहीं मिली।

माशा : छब्बीस!

[त्रेपलेव चुपचाप प्रवेश करके मेज़ पर बैठ जाता है।]

शार्मयेव : ओ हाँ, बोरिस अलेक्सीविच, आपकी एक चीज़ अभी भी हमारे पास रखी है।

त्रिगोरिन : क्या?

शार्मयेव : कोन्स्तान्तिन गाव्रिलिच ने एक हंसनी का शिकार किया था और उसे आपने मुझे देकर कहा था कि मैं आपके लिए उसमें मसाला लगवा दूँ।

त्रिगोरिन : मुझे तो याद नहीं है **(सोचते हुए)** नहीं, मुझे बिल्कुल याद नहीं आ रहा।

माशा : छसासठ। एक!

त्रेपलेव : **(झटके से खिड़की खोलकर बाहर सुनता है)** कैसा घना अँधेरा है। मालूम नहीं, क्यों आज मेरा मन बड़ा बेचैन हो रहा है।

आर्कदीना : कोस्त्या, खिड़की बन्द कर दो न, हवा बड़ी तेज़ है।

[त्रेपलेव खिड़की बन्द कर देता है।]

माशा : अट्ठासी।

त्रिगोरिन : बाज़ी मेरी रही।

आर्कदीना : **(उल्लास से)** शाबाश! शाबाश!

शार्मयेव : बहुत खूब।

आर्कदीना : इनकी तो हर बात में क़िस्मत साथ देती है। **(उठते हुए)** आइए, अब चलकर कुछ खा-पी लिया जाए। हमारे अतिथि 'महान् पुरुष' ने अभी कुछ खाया नहीं है। खाना खाने के बाद हम लोग फिर जमेंगे। **(त्रेपलेव से)** कोस्त्या, लिखना छोड़ो और चलकर खाना खा लो।

त्रेपलेव : मेरा मन नहीं कर रहा, माँ। मुझे भूख नहीं है।

आर्कदीना : जैसी तुम्हारी इच्छा। **(सोरिन को जगाती है)** पैत्रूशा, खाना...**(शार्मयेव की बाँह पकड़कर)** हाँ, तो मैं तुम्हें अपने हार्कोव के स्वागत के बारे में बता रही थी।

[पोलिना, मेज़ पर रखी मोमबत्तियाँ बुझा देती है। फिर वह और दोर्न कुर्सी धकेलते ले जाते हैं। सब बाईं ओर के दरवाज़े से चले

जाते हैं। मंच पर केवल मेज़ पर बैठकर लिखता त्रेपलेव रह जाता है।]

त्रेपलेव : **(लिखने की तैयारी में जो कुछ पहले लिखा है उसे एक बार पढ़ता है)** मैंने नए कला-रूपों के बारे में बहुत कुछ कहा है लेकिन धीरे-धीरे ऐसा लगता है जैसे मैं स्वयं एक रूढ़ि में फँसता जा रहा हूँ। **(पढ़ता है)** "दीवार का बड़ा-सा पोस्टर चीख़-चीख़कर बोल रहा था", "अपने काले बालों की टोपी में मुरझाया चेहरा!"—'चीख-चीखकर बोल रहा था', 'टोपी'—सरासर बेवकूफ़ी है! **(लिखे को काट देता है)** यहाँ मैं यों शुरू करूँगा कि "नायक पानी बरसने की आवाज़ से जागकर उठ पड़ा"—शेष फिर आता जाएगा। दिन छिपे की चाँदनी का वर्णन बड़ा लम्बा और ज़रूरत से ज़्यादा विवरणात्मक हो गया है...ख़ैर त्रिगोरिन ने अपना अलग ही ढंग निकाल लिया है। अब उसे लिखने में मुश्किल नहीं पड़ती...वह तो सिर्फ़ बाँध पर पड़ी टूटी बोतल की गर्दन के चमकने और पनचक्की के पहिए की काली परछाईं का जिक्र करेगा और लीजिए साहब, चाँदनी रात साकार हो उठेगी। उधर मैं हूँ कि दुनिया-भर की काँपती रोशनियाँ, तारों का मन्द-मन्द टिमटिमाना, खुशबू में महकती हवाओं पर कहीं दूर से आते पियानो की डूबी स्वर लहरियाँ, सबका वर्णन कर डालूँगा...यह सब बड़ा उबाऊ हो जाता है...**(चुप रहकर)** मुझे तो धीरे-धीरे यह विश्वास होता जा रहा है कि मूल सवाल नए और पुराने कला-रूपों का है ही नहीं। बिना किसी भी कला-रूप का ध्यान किए, जो मन में आए लिख डालना चाहिए। वही तो है जो सीधा, उन्मुक्त रूप से आत्मा से उभरकर आता है। **(उसकी मेज़ के सबसे पास वाली खिड़की पर थपथपाहट होती है)** कौन है? **(खिड़की से बाहर झाँकता है)** कुछ भी तो नहीं दिखाई देता...**(काँच के दरवाज़े खोल देता है और बगीचे में देखता है)** किसी के भागते पैरों की आवाज़ है...**(पुकारता है)** कौन है? **(बाहर जाता है और बरामदे में उसके तेज़ी से चलने की आवाज़ सुनाई देती है। आधा मिनट बाद ही नीना ज़रेश्न्या के साथ वापिस आता है)** नीना, नीना।

[नीना उसकी छाती पर सिर रखकर घुटी-घुटी सिसकियों में बिलख पड़ती है।]

त्रेपलेव : **(व्यथित व उद्विग्न होकर)** नीना! नीना। तुम आ गईं...तुम...जैसे इस बात तो मेरा मन पहले से ही जानता हो...सारे दिन मेरा हृदय व्यथा से कराहता रहा है...व्याकुल रहा है **(उसका चादरा और हैट उतारता है)** आह, मेरी प्राण, मेरी निधि...आख़िर तुम आ गईं। रोओ नहीं...

मत रोओ...।

नीना : कोई है यहाँ?

त्रेपलेव : कोई भी नहीं है।

नीना : दरवाज़ा बन्द कर लो, कोई आ जाएगा।

त्रेपलेव : कोई नहीं आएगा।

नीना : मुझे पता है इरीना निकोलायेव्ना भी यहीं है। चटखनी लगा लो।

त्रेपलेव : **(दाहिनी ओर का दरवाज़ा बन्द करके बाईं ओर के दरवाज़े की ओर आता है)** इस तरफ़ वाले दरवाज़े में चटखनी ही नहीं है। मैं यहाँ कुर्सी अड़ाए देता हूँ। **(दरवाज़े के आगे कुर्सी लगा देता है)** घबराओ मत, कोई नहीं आएगा...।

नीना : **(ध्यान से उसका चेहरा देखते हुए)** मुझे ज़रा अपना चेहरा देख लेने दो...**(चारों ओर देखकर)** यहाँ बाहर के मुकाबले गरम है...बड़ा भला लगता है। यहाँ तो पहले बैठक थी न। मैं क्या सचमुच बहुत बदल गई हूँ?

त्रेपलेव : हाँ नीना, तुम काफ़ी दुबली हो गई हो—आँखें बड़ी-बड़ी निकल आई हैं...। नीना, कैसा आश्चर्य है, मैं तुम्हें फिर अपने पास देख रहा हूँ—मुझे अपना चेहरा क्यों नहीं देखने देतीं? इतने दिनों से क्यों नहीं आईं? मुझे मालूम है, तुम्हें यहाँ एक हफ़्ता होने आ रहा है...मैं तो रोज़ कई-कई बार तुम्हारे पास जाता रहा—खिड़की के नीचे भिखारी की तरह खड़ा ताकता रहा...।

नीना : मैं डरती थी कि तुम मुझे दुत्कार दोगे—मैं रोज़ सपना देखती जैसे तुम मुझे ऐसी निगाहों से देखते हो मानो पहचानते ही नहीं...काश, मैं तुम्हें समझ पाती...। जब से मैं आई हूँ यहीं...यहीं झील के किनारे भटकती रही हूँ। तुम्हारे घर के पास कई बार आई, लेकिन भीतर घुसने की हिम्मत नहीं पड़ी। आओ, बैठ जाएँ **(दोनों बैठ जाते हैं)** आओ, बैठकर बातें करें—खूब बातें करें। यहाँ कैसा अच्छा लग रहा है, गर्म और बड़ा सुहावना है...हवा की साँय-साँय सुन रहे हो न...तुर्गनेव की लाइनें हैं : वह आदमी कैसा सौभाग्यशाली है, जिसके पास ऐसी रात में एक मकान का सहारा है—जिसके पास अपना एक गर्म कोना है? मैं तो हंसनी हूँ...ना, ये पंक्तियाँ नहीं हैं **(माथा खुजलाती है)** हाँ याद आया...तुर्गनेव ने कहा है, "हे भगवन् बेठिकाना भटकने वालों पर दया करना"...कुछ भी तो नहीं हो पाया...। **(रोती है)**

त्रेपलेव : नीना, अरे तुम फिर रोने लगी...नीना।

नीना : मेरे रोने पर ध्यान मत दो। मेरे लिए यही अच्छा है...दो साल से मैं

रो भी तो नहीं पाई हूँ। कल दिन छिपने के बाद मैं बाग़ में देखने आई थी कि हमारा वह स्टेज क्या अभी भी बना है? वह बना था। तब दो साल में पहली बार मैं वहाँ बैठकर रोई, खूब रोई। इससे जैसे मेरे दिल पर जमा हुआ बोझा उतर गया—मन हल्का हो गया। देखो न, अब कहाँ रो रही हूँ! **(उसका हाथ पकड़ लेती है)** तो अब तुम लेखक बन ही गए—तुम लेखक हो, मैं अभिनेत्री हूँ—हम दोनों ही वक़्त के भँवरों में भटकते रहे हैं। पहले कैसी बच्चों की तरह खुशी-खुशी मैं सोया करती थी—सुबह गाती हुई उठा करती थी, तुम्हें प्यार करती थी और यश पाने के सपने देखा करती थी। और अब...? कल तड़के ही मुझे थर्ड क्लास में येलेत्स पहुँच जाना है...साधारण किसानों के साथ बैठकर येलेत्स के नए-नए रईस हुए व्यापारी अपने-अपने सत्कार से मेरी नाक में दम कर देंगे। सच, ज़िन्दगी का ढर्रा बड़ा रसहीन हो गया है त्रेपलेव।

त्रेपलेव : येलेत्स क्यों जाओगी?

नीना : मैंने जाड़े-भर के लिए एक जगह वायदा कर लिया है। अच्छा, अब चलने का समय हो गया।

त्रेपलेव : नीना, मैंने तुम्हें गालियाँ दीं, नफ़रत की, मैंने तुम्हारे पत्र और चित्र फाड़ फेंके, फिर भी पता नहीं क्यों हर क्षण मैं जानता था कि मेरी आत्मा तुम्हारी आत्मा से अनन्तकाल के लिए बँधकर एकाकार हो गई है। तुम्हारे प्यार को निकाल फेंकना मेरी ताक़त से बाहर है। नीना, जबसे मैंने तुम्हें खोया और अपनी रचनाएँ छपाने लगा हूँ—ज़िन्दगी असहनीय हो गई है...मैं बहुत व्यथित हूँ जैसे किसी ने मेरी जवानी को नोंच फेंका हो और मैं नब्बे लम्बे-लम्बे सालों से इस दुनिया में घिसटता चला आ रहा होऊँ...। बार-बार तुम्हारा नाम लेता हूँ और उस धरती को चूम लेता हूँ जहाँ तुम चला करती थीं...जिधर देखता हूँ सिर्फ़ तुम्हारा चेहरा दिखाई देता है...वही मधुर-मधुर मुस्कान जिसने मेरे जीवन के सर्वश्रेष्ठ दिनों को आलोकित किए रखा।

नीना : **(भ्रान्त स्वर में)** ऐसा क्यों बोलते हो...मुझसे क्यों कह रहे हो यह सब?

त्रेपलेव : दुनिया में मैं अकेला हूँ...किसी के प्यार की गरमाहट मुझे नहीं मिली...मेरे लिए जैसे वह है ही नहीं। मैं ऐसा जड़ और जम गया हूँ जैसे तहख़ाने में दबा रहा होऊँ, जो भी लिखता हूँ सब बड़ा रूखा, नीरस और अवसाद भरा होता है। नीना, मैं प्रार्थना करता हूँ रुक जाओ, या मुझे भी अपने साथ ले चलो यहाँ से दूर...।

[नीना जल्दी से अपना टोप और चादरा ओढ़ लेती है।]

त्रेपलेव : यह क्या है नीना? भगवान् के नाम पर नीना...।

[जब वह अपनी चीज़ें पहनती है तो देखता रहता है।]

[चुप्पी]

नीना : मेरे घोड़े फाटक पर खड़े होंगे। मुझे छोड़ने मत चलो—मैं अकेली ही चली जाऊँगी...**(आँसू भरी आँखों से)** मुझे ज़रा-सा पानी दो।

त्रेपलेव : **(पानी देता है)** इस वक़्त कहाँ जाओगी?

नीना : शहर? **(चुप रहकर)** इरीना निकोलायेव्ना यहीं हैं क्या?

त्रेपलेव : हाँ, बृहस्पति को मामा की तबीयत बहुत खराब हो गई थी। तभी हमने तार देकर बुला लिया था।

नीना : तुमने मुझसे यह क्यों कहा कि जहाँ हम लोग घूमा करते थे उस धरती को तुमने चूम लिया? हाय मैं मर क्यों न गई! **(मेज़ पर झुककर)** आह, कितनी चूर-चूर हो गई हूँ मैं। काश कभी, कहीं दो क्षण को सुस्ता पाती, काश ज़रा-सा आराम कर पाती। **(सिर उठाकर)** मैं हंसनी हूँ...नहीं झूठ है...मैं सिर्फ़ एक अभिनेत्री हूँ...हाय...**(आर्कदीना और त्रिगोरिन की हँसी सुनती है, सुनती रहती है, फिर दरवाज़े के पास जाकर ताली के छेद से देखती है)** अच्छा, तो वह भी यहीं है **(त्रेपलेव की ओर घूमकर)** उफ़...ठीक...ठीक...है कुछ नहीं...नहीं...रंगमंच में उसकी कोई आस्था नहीं है—वह मेरे सपनों की खिल्ली उड़ाया करता था और फिर धीरे-धीरे रंगमंच से मेरा विश्वास खुद भी हट गया...मेरा दिल बुझ गया...और फिर मैं प्यार और ईर्ष्या में ही झुलसती रहने लगी...हमेशा अपने बच्चे की बात सोचती—मैं बड़ी क्षुद्र और ओछी हो गई थी...जब भी अभिनय करती तो ग़लत-सलत...मेरी समझ में ही न आता कि बाँहों को कैस चलाऊँ। मंच पर आती तो जान ही न पाती कि कैसे खड़ी होऊँ, आवाज़ वश में नहीं रहती। जब आदमी खुद जानता हो कि उसका अभिनय बड़ा भद्दा हो रहा है तब उसे कैसा लगता है—तुम नहीं समझ सकते त्रेपलेव, मैं तो हंसनी थी...नहीं ...झूठ...। याद है तुम्हें, तुमने एक बार एक हंसनी का शिकार किया था? अचानक एक आदमी आया—उसने उसे देखा और यों ही मन बहलाने को खेल-खेल में उसका शिकार कर डाला...कहानी का एक विषय। नहीं...यों नहीं **(माथा खुजलाती है)** क्या कह रही थी मैं?...रंगमंच की बात कह रही थी! नहीं, अब मैं पहले जैसी थोड़े ही रह गई हूँ...अब सचमुच मैं एक्ट्रेस हूँ, जोश और उल्लास से अभिनय करती हूँ—जब मंच पर उतरती हूँ और यह सोचती हूँ कि कैसी सुन्दर लग रही होऊँगी—उस

समय मानो एक नशे से झूम उठती हूँ...पर अब जब से यहाँ हूँ, रोज़ खूब घूमने जाती हूँ। सोचती रहती हूँ...विचार करती रहती हूँ...और मुझे लगता है जैसे मेरी आत्मा में हर रोज़ अधिक-अधिक शक्ति आती जा रही है...कोस्त्या, अब तो मुझे पता चल गया है...कि चाहे लिखना हो या अभिनय करना—हमारे काम में, यश, प्रशंसा और उस सबका महत्त्व नहीं है जिसके सपने हम रात-दिन देखा करते हैं—महत्त्व है लगन का, धैर्य का! गले में क्रॉस लटकाकर अपनी आस्था उस पर केन्द्रित कर देने का। अब मेरे मन में आस्था है और इस सबसे इतनी तकलीफ़ भी नहीं होती...अपने पेशे के बारे में सोचती हूँ तो जिन्दगी से डर नहीं लगता...।

त्रेपलेव : **(व्यथा से)** तुमने तो अपना रास्ता खोज लिया है। नीना, तुम जिस रास्ते जा रही हो—उसे तुम जानती हो, लेकिन मैं तो अभी भी सपनों और कल्पना के सूने अवकाश में ही इधर से उधर भटक रहा हूँ। समझ में नहीं आता इस सबका क्या करूँ? मेरी कहीं आस्था नहीं है, मुझे यह भी नहीं पता कि मेरा पेशा क्या है?

नीना : **(बाहर कुछ सुनकर)** चु...प...मैं जा रही हूँ...विदा दो, जब कभी बहुत बड़ी एक्ट्रेस हो जाऊँ तो आना और देखना। वचन देते हो न? लेकिन अब...**(उसका हाथ दबाती है)** बहुत देर हो चुकी है, मुझसे अपने पाँवों पर खड़ा नहीं रहा जा रहा...मैं चूर-चूर हो गई हूँ—मैं भूखी हूँ।

त्रेपलेव : रुको, मैं कुछ खाना ले आऊँ तुम्हारे लिए?

नीना : ना...ना, मुझे छोड़ने मत आना। मैं खुद अकेली चली जाऊँगी...पास ही तो मेरे घोड़े हैं...तो तुम्हारी माँ त्रिगोरिन को अपने साथ ले आई...? ठीक है...कोई बात नहीं। त्रिगोरिन से मिलो...उन्हें कुछ बताना मत...मैं उन्हें प्यार करती हूँ...पहले से भी ज़्यादा प्यार करती हूँ...कहानी का एक विषय...मैं उन्हें चाहती हूँ...बुरी तरह चाहती हूँ—जी-जान से चाहती हूँ। कैसे अच्छे थे वे पहले दिन। कोस्त्या—तुम्हें याद है न? कैसी, निर्मल प्यार और आनन्द से भरी निष्कलुष ज़िन्दगी थी...हम लोगों के दिलों में कैसी भावनाएँ लहराया करती थीं...फूलों जैसी कोमल और सलोनी...याद है न? **(दुहराती है)** आदमी, शेर, चील और तीतर—बारहसिंघे, बत्तखें, मकड़े, पानी में चुप-चुप तैरने वाली मछलियाँ, दिखाई न देने वाले छोटे-छोटे कीड़े-मकोड़े, सारे प्राणी, सारे जीव, सारे चेतन अपने दुःखों का चक्र पूरा करके समाप्त हो चुके हैं...हज़ारों सालों से धरती ने किसी जीवित प्राणी को अपनी गोद में

जन्म नहीं दिया है...और यह बेचारा चाँद अपने प्रकाश-दीप को जलाए रखने का उद्देश्य भूल चुका है...घास के मैदानों में अब बगुले चीख़कर चौंक नहीं पड़ते...और नीबू के पेड़ों पर भौंरों की भनभनाहट नहीं गूँजती **(आवेश से त्रेपलेव का आलिंगन कर लेती है और शीशे वाले दरवाज़े से बाहर भाग जाती है)**

त्रेपलेव : **(कुछ देर चुप रहकर)** अगर किसी ने बाग़ में इसे देख लिया और माँ को बता दिया तो बुरा होगा...माँ को बहुत तकलीफ़ होगी...।

[दो मिनट तक वह अपनी पांडुलिपियों को फाड़-फाड़कर मेज़ के नीचे फेंकता रहता है, फिर दाहिनी ओर के दरवाज़े की चिटखनी खोलकर बाहर चला जाता है।]

दोर्न : **(बाईं ओर का दरवाज़ा खोलने की कोशिश करते हुए)** अजीब बात है। दरवाज़े की चिटखनी बन्द लगती है...**(भीतर आ जाता है, और कुर्सी को उसकी जगह रख देता है)** अच्छी-खासी, टिखटियाँ कुदाने वाली घुड़-दौड़ हो गई...।

[आर्कदीना, पोलिना का प्रवेश। पीछे-पीछे बोतलों की ट्रे लिए हुए याकोव, माशा, फिर त्रिगोरिन और शार्मयेव आते हैं।]

आर्कदीना : बोरिस अलेक्सीविच के लिए अंगूरी शराब और बीयर इधर इस मेज़ पर रखो। खेलते हुए हम लोग इसे पीते भी जाएँगे। बैठिए, साहिबान।

पोलिना : **(याकोव से)** साथ ही चाय भी ले आओ।

[मोमबत्तियाँ जलाकर ताशों की मेज़ पर बैठती है।]

शार्मयेव : **(त्रिगोरिन को अलमारी के पास ले आता है)** यह रही वह चीज़ जिसके बारे में अभी आपसे कह रहा था। **(मसाला लगी हंसनी को बाहर निकाल लेता है)** इसी के लिए तो आपने कहा था न...।

त्रिगोरिन : **(हंसनी को देखते हुए)** मुझे तो याद ही नहीं आ रहा **(सोचते हुए)** कुछ भी याद नहीं आता।

[मंच के दाहिनी ओर से धमाके की आवाज़। सब चौंक पड़ते हैं।]

आर्कदीना : **(घबराकर)** क्या हुआ?

दोर्न : कुछ नहीं, कुछ नहीं। मेरे दवा के बक्से में कोई चीज़ फूट गई होगी...चिन्ता की कोई बात नहीं है **(दाहिनी ओर के दरवाज़े से बाहर जाकर आधा मिनट में ही वापिस आता है)** हाँ वही तो बात थी। ईथर की एक बोतल फट गई **(गुनगुनाता है)** "मैं खड़ा हूँ मुग्ध तेरे सामने फिर...।"

आर्कदीना : उफ़ मैं कैसी घबरा गई थी...मुझे उस दिन की याद आ गई जब... **(अपने हाथों में चेहरा छिपा लेती है)** इस धमाके से मेरा सिर बुरी तरह

चकरा उठा है।

दोर्न : **(पत्रिका के पन्ने पलटते हुए त्रिगोरिन से)** दो महीने पहले इसमें एक लेख छपा था 'अमेरिका से एक पत्र'...अच्छा, और बातों के साथ मैं आपसे एक बात पूछना चाहता था कि...**(त्रिगोरिन की कमर में हाथ डालकर फुट-लाइटों की तरफ़ लाता है)** क्योंकि मुझे यह जानने का बेहद शौक़ है **(गला दबाकर धीमे से)** इरीना निकोलायेव्ना को यहाँ से किसी तरह फ़ौरन हटा ले जाइए...बात यह है कि त्रेपलेव ने अपने को गोली मार ली है।

[पर्दा गिरता है।]

समाप्त

●●●